Da mesma matéria que os sonhos

SERVIÇO SOCIAL DO COMÉRCIO
Administração Regional no Estado de São Paulo

Presidente do Conselho Regional
Abram Szajman

Diretor Regional
Danilo Santos de Miranda

Conselho Editorial
Ivan Giannini
Joel Naimayer Padula
Luiz Deoclécio Massaro Galina
Sérgio José Battistelli

Edições Sesc São Paulo
Gerente Marcos Lepiscopo
Adjunta Isabel M. M. Alexandre
Coordenação Editorial Clívia Ramiro, Cristianne Lameirinha
Produção Editorial Ana Cristina Pinho
Coordenação Gráfica Katia Verissimo
Coordenação de Comunicação Bruna Zarnoviec Daniel
Colaboradores desta Edição Marta Colabone

Da mesma matéria que os sonhos
Sobre consciência, racionalidade e livre-arbítrio

Mauro Maldonato

Consultoria editorial
Nurimar Falci

Tradução
Roberta Barni

Preparação
Silvana Vieira

Revisão
Luiza Delamare, Beatriz de Freitas Moreira

Capa
Warrakloureiro

Imagem de capa
Aaron Foster/Getty Images

Diagramação
Neili Dal Rovere

M2933m
Maldonato, Mauro

    Da mesma matéria que os sonhos: sobre consciência, racionalidade e livre-arbítrio / Mauro Maldonato; Prefácio de Ulisses Capozzoli. São Paulo: Edições Sesc São Paulo, 2014.
    188 p.

    ISBN 978-85-7995-089-6
    Inclui bibliografia

    1. Ensaios. 2. Filosofia. 3. Consciência. 4. Racionalidade. 5. Livre-arbítrio. I. Título. II. Capozzoli, Ulisses

CDD 104

Copyright © 2014 Edições Sesc São Paulo
Copyright © 2014 Mauro Maldonato
Todos os direitos reservados

Edições Sesc São Paulo
R. Cantagalo, 74 – 13°/14° andar
03319-000 – São Paulo – SP – Brasil
Tel. (55 11) 2227-6500
edicoes@edicoes.sescsp.org.br
sescsp.org.br

Sumário

Apresentação – Danilo Santos de Miranda 7
Prefácio – Ulisses Capozzoli 9
Introdução 13

ELOGIO DA RACIONALIDADE IMPERFEITA
Não sabemos que não sabemos 21
Decisões que a razão desconhece 31
Racionalidade para mortais 43
O mito do Golem e os "erros" de Descartes 57
Esferas conscientes e inconscientes 67
Na linha do mistério: consciência de si e consciência do mundo 77
Altruísmo e competição 85

A VIDA OCULTA DO CÉREBRO
As chaves da empatia 97
Desvendando a mente estética 105
O fascínio ambíguo da memória 117
Psicobiologia e guerra 127
Do universo atemporal a um presente enganador 141

COMO SE O MUNDO ESTIVESSE PARA ACABAR
À beira do nada 149
O eclipse da esperança 157
Utopias do amor mecânico 167
A consciência da felicidade 173

Bibliografia 181
Sobre o autor 183

Apresentação

O conhecimento abarca saberes e experiências acumulados pelo homem ao longo dos séculos.

No entanto, mais do que reuni-los de forma imutável, cabe perceber que estão em constante transformação, colocando em xeque certezas e estabelecendo dúvidas sobre temas aparentemente acolhidos pela sociedade.

Porém, em um período de crise de valores que afeta sobremaneira a ética, refletindo na produção científica, assim como na construção histórico-social dos fatos, deve-se ter em conta a possibilidade de vermos informações e conceitos legítimos serem rapidamente ultrapassados. Isso decorre da conjugação de abordagens mais profundas, capazes de avançar ou se opor ao que se desenhou anteriormente, como também de se mostrar mais sagazes quanto ao objeto e à análise empreendida para decifrá-lo.

Daí o ato de questionar métodos e suas supostas verdades constituir um dos mais importantes, senão o principal atributo de um pensador, expandindo-se tal relevância se este transitar entre as ciências e as humanidades, como, por exemplo, entre a psiquiatria, as neurociências e a filosofia, como é o caso de Mauro Maldonato.

Este livro traz uma seleção de artigos publicados originalmente nas revistas *Scientific American do Brasil* e *Mente & Cérebro*, nos quais o autor apresenta discussões relacionadas a consciência e inconsciência, às variadas atividades cerebrais e sua influência em processos relacionados à memória, a auto-preservação, empatia e livre-arbítrio, além daquelas vinculadas ao impacto de experiências como a depressão, a melancolia, o amor e a felicidade sobre o indivíduo e seu meio social na contemporaneidade.

O mistério da mente humana fascina Maldonato, que busca respostas para compreender o homem, obrigado a viver em meio a impasses de ordens diversas, apartado, muitas vezes, do controle sumário de sua própria vida. Mas se, por um lado, é preciso reconhecer a impossibilidade de dominar as variáveis com as quais um indivíduo é instado a lidar em seu cotidiano, por outro, não se pode abdicar de manter resguardados os valores que colaboram para a construção de sua identidade e de sua cultura.

Ao abrir as portas para enigmas dessa natureza, o autor arrebata o leitor curioso, desejoso de saber de si a partir de elementos cuja definição e entendimento encontram-se ainda em construção por cientistas e pesquisadores.

Em *Da mesma matéria que os sonhos*, quarto livro de Maldonato publicado pelas Edições Sesc, o autor permite que nos apropriemos de um debate caro aos humanistas, os quais não ignoram o intrincado labirinto a permear as relações entre as ciências e disciplinas como a filosofia, a história e a psicanálise. Para eles, a separação entre os saberes é um mal a ser combatido, assim como a percepção de que sua inter-relação e seus diversos pontos de convergência são fundamentais ao pleno desenvolvimento humano.

Eis, pois, um ponto crucial ao trabalho do Sesc, com o qual a pena sensível de Mauro Maldonato contribui para clarear, aguçando nossa percepção sobre a complexidade psíquica de nós mesmos, assim como daqueles que nos cercam.

DANILO SANTOS DE MIRANDA
Diretor Regional do Sesc São Paulo

Prefácio

Poeta do mistério

Existem províncias inteiras de mistérios à nossa volta e não são muitos os homens de cultura que trazem dentro de si a habilidade de evocá-las em profundidade, beleza e sensibilidade para polimento intelectual, sensibilização e refinamento do espírito de seus contemporâneos.

É possível mesmo que essa habilidade incomum integre uma história tão velha quanto rochas de uma antiga era geológica, ainda que essa seja uma suposição, não uma garantia de que as coisas sejam de fato assim.

Há mais de uma razão para pensar que o espírito das coisas em sua essência não seja tecido pelo fio do puro acaso. O que não significa, necessariamente, que resulte de um cordame previamente elaborado.

É provável, por razão de natureza estética, que a essência das coisas não resulte disso ou daquilo, como somos quase sempre compelidos a acreditar. Elas podem ser tanto isso, aquilo e muito mais, como nem isso, nem aquilo. Mas algo de que nunca suspeitávamos antes.

Daí as províncias de mistério a que se referiu, por exemplo, Ortega y Gasset.

Mauro Maldonato, com *Da mesma matéria que os sonhos – Sobre consciência, racionalidade e livre-arbítrio*, evoca considerações com raízes profundas no tempo dos homens, lastreado pela história incomparavelmente rica da Itália, com abordagens e relatos que remetem a uma linhagem admirável de pensadores.

Da linhagem de Maldonato fazem parte geômetras, poetas, literatos que exploraram os diferentes territórios da escrita, homens de conhecimento a quem hoje nos referimos como cientistas, caso inequívoco de Galileu. Inteligências que tatearam a esfera celeste para assegurar que a vida é universal, não apenas terrestre, como fez Bruno. Ou, como foi o caso de Vico, que, em 1710, publicou *De antiqüíssima italorum sapientia* (*A antiga sabedoria dos italianos*) evocando as raízes de sábios jônios e etruscos pelo recurso da análise filológica de palavras latinas.

Os artigos que compõem *Da mesma matéria que os sonhos – Sobre consciência, racionalidade e livre-arbítrio* não são inéditos, já foram publicados, individualmente, pelas revistas *Scientific American Brasil* e *Mente & Cérebro*, publicações com que, pela natureza dos conteúdos, Maldonato tem particular afinidade.

Ocorre, no entanto, que sob a forma de livro, interagindo entre si, complementando, provocando, articulando, sobrepondo-se em questões em que o empenho se faz necessário, esse conjunto de escritos tem a vitalidade da obra que acaba de nascer. Experimente beber da água que jorra da fonte, e que há uns poucos segundos corria pelas veias da Terra, e o leitor saberá exatamente de que experiência se trata.

Como em *Raízes errantes* e *Passagens de tempo*, já publicados no Brasil pelas Edições Sesc São Paulo, em *Da mesma matéria que os sonhos – Sobre consciência, racionalidade e livre-arbítrio*, o leitor tem liberdade de iniciar sua exploração por onde desejar. Não há nenhuma obrigatoriedade de natureza estrutural, que condicione um movimento. Essa agradabilíssima opção abre as portas para a escolha daquilo que é mais urgente de saciar, desejo de processar, absorver e incorporar para uma necessária transformação.

Experimente o leitor, por exemplo, o artigo "Do universo atemporal a um presente enganador", um tempo de invariância e simetria não contemplaria nada além do instante atual e se descobrirá, como Alice, no estranhíssimo mundo das coisas improváveis, onde a toca do coelho foi substituída pela porta do tempo. Aqui Maldonato adverte que "estamos apenas ensaiando os primeiros passos de um longo caminho, mas já podemos intuir um enorme impacto nas neurociências, e em particular para os estudos sobre a consciência". Perguntas como o que é o tempo para o cérebro humano, o que é

Prefácio

a mudança e se o passado existe (se existe, para onde vai?), que os físicos espertamente relegaram aos filósofos, devem ser "relançadas com ênfase".

Agora, passe para, por exemplo, "O eclipse da esperança", incursão pelos labirintos escuros da depressão, experiência-limite de sofrimento, marcada pela exclusão, pelo sentimento de culpa e pela sensação que os antigos reconheceram pelo nome hoje poético de "melancolia".

À primeira vista podem parecer escritos ligados às mais diferentes áreas do conhecimento, o que, de fato, de alguma maneira são. Mas, reunidas pela ação da inteligência e o reconhecimento de que tudo o que é pensado é inevitavelmente humano, adquirem sentido novo.

Assim, reafirma o mistério que vai dentro de cada um de nós. Caminha ao nosso lado como o cão fiel e a sombra projetada pelo Sol.

Ulisses Capozzoli

Introdução*

O impulso que impele para a frente o nosso pensamento através de suas refrações é a peculiaridade perene da sua vida. Nós temos consciência desta vida como de algo que está sempre distante do equilíbrio, algo em transição, algo que surge da escuridão e mediante um alvorecer se move rumo a um meio-dia que sentimos como a plena realização do amanhecer.

WILLIAM JAMES

Na primeira metade do próximo século, a ciência enfrentará o maior dos desafios, procurando responder a uma pergunta que por milênios esteve imbuída de misticismo e metafísica: qual é a natureza do self? Tendo nascido na Índia e recebido uma educação hinduísta, aprendi que a ideia do self, de um eu interno distinto do universo e envolvido na sublime análise do mundo externo, era uma ilusão, um véu chamado maya. A busca da iluminação, disseram-me, consistia em levantar o véu e compreender que na realidade éramos "uma só coisa com o cosmos". Paradoxalmente, depois de longos estudos de medicina

---

* Texto traduzido por Ornella Accasto Grizante.

> ocidental e mais de quinze anos de pesquisa com pacientes neurológicos e ilusões óticas, acabei entendendo que havia muita verdade naquela visão, que a ideia de um self isolado e unitário que "habitava" o cérebro era, talvez, uma quimera. Tudo o que aprendi através do estudo intensivo, tanto dos indivíduos normais, quanto dos pacientes com lesões em várias áreas do encéfalo, levou-me a um cenário inquietante, ou seja, a pensar que nós criamos a nossa "realidade" com base em meros fragmentos de informação; que quando "vemos", é uma mera representação confiável, mas nem sempre exata da realidade, e que não temos a menor consciência da esmagadora maioria dos eventos que acontecem no cérebro.
> VILYANUR RAMACHANDRAN

> A biologia é realmente um campo de possibilidades ilimitadas, da qual devemos esperar as mais surpreendentes elucidações; não podemos, portanto, adivinhar quais respostas ela poderá dar, em algumas décadas, aos problemas que lhe apresentamos. Talvez essas respostas serão capazes de derrubar todo o edifício artificial das nossas hipóteses.
> SIGMUND FREUD

Era apenas o ano de 1920 e Sigmund Freud já previa lucidamente a formidável temporada que está revolucionando nossos conhecimentos sobre o cérebro humano. Quanto caminho já foi percorrido desde então! O nascimento de novas teorias e o crescimento impressionante dos dados experimentais levaram muitos a acreditar que logo poderemos conhecer o que acontece *do neurônio ao pensamento*. Na verdade, nem sempre os modelos propostos se mostraram à altura do desafio. Basta pensar nas tentativas de explicação da consciência por meio de modelos matemáticos que naufragaram miseravelmente diante do problema da subjetividade. Acredito que esses insucessos devem ser atribuídos não apenas a uma adesão extremamente desenvolta aos modelos das chamadas *hard sciences* (a física, a química e a biologia), mas também à morna disponibilidade dos neurocientistas cognitivos e dos psiquiatras em aceitar uma ideia mais aberta do estudo da mente. A natureza complexa do cérebro exige uma mudança de perspectiva. É significativo que justamente um neurobiólogo como Jean-Pierre Changeux tenha afirmado, recentemente, que o cérebro humano não pode ser concebido como um computador feito de circuitos pré-fabricados pelos genes. A estrutura do cérebro, derivada de processos de seleção neuronal, torna-o muito diferente de um "todo genético cerebral". Foram justamente seus vínculos com o ambiente físico, social e cultural que fizeram dele o motor da evolução das espécies.

Bastariam esses argumentos para demonstrar por que não podemos mais estudar os fenômenos cerebrais apenas por meio de métodos tradicionais: isto é, fragmentando o objeto de pesquisa até a entidade mais simples, analisando poucas variáveis de cada vez, estudando as causalidades lineares na ausência de relações de *feedback* e assim por diante. A pesquisa sobre o cérebro requer capacidades de integração dos resultados experimentais e de seus níveis lógicos. Somente assim pode-se ter a esperança de superar os obstáculos conceituais e as lacunas explicativas. É hora, enfim, de as neurociências cognitivas superarem a si mesmas e se estabelecer uma *nova aliança* – entre a filosofia da mente e a filosofia da linguagem, a linguística e a neurobiologia, a psicologia e a lógica, a inteligência artificial e a ciência cognitiva – para um novo modelo de nossa vida relacional. Dificilmente nascerá uma *nova ciência da mente* se não for reconhecida plena dignidade científica a temas como a empatia, a intersubjetividade, as qualidades estéticas, o livre-arbítrio, os interesses individuais.

É essa a visão que inspira o livro. Concebido para entregar a um público amplo ideias e pesquisas publicadas em revistas renomadas como *Scientific American* e *Mente & Cérebro*, tornou-se uma fotografia das tendências e do debate em andamento nas neurociências contemporâneas. Algo mais do que uma coletânea de artigos, portanto. Poderíamos defini-lo como um aprofundamento da questão mente-cérebro e de alguns problemas a ela inerentes (em âmbito normal e patológico), assim como foram abordados pelas neurociências nos últimos anos.

Na tradição clássica das ciências da mente, a defesa dos próprios âmbitos disciplinares contribuiu frequentemente para exacerbar as tensões que marcam o confronto entre ciência e filosofia, tão fecundo de ideias e problemas até o final do século XVIII. Considero realmente essencial retomar aquele diálogo. Não é uma derrota da filosofia reconhecer a um neurocientista certo grau de titularidade sobre o problema da consciência. Ao contrário, é uma conquista. Aliás, a viagem pelos segredos da mente humana não solicita nem abjurações, nem renúncias às próprias teorias. Tampouco a eliminação das diferenças entre os vários programas de pesquisa. Nenhuma teoria científica, por mais rigorosa que seja, pode evitar erros ou considerar-se autossuficiente ao abordar as questões de nossa vida de relações. É preciso, portanto, reconhecer serenamente que, apesar dos prodigiosos resultados experimentais, ainda não estamos em condições de compreender fenômenos como a percepção, a consciência, a decisão, a conscientização consciente, o livre-arbítrio, e assim por diante.

A diferença entre um cientista e um não cientista está no fato de que o primeiro confessa imediatamente a própria ignorância. Não se trata somente do reconhecimento já implícito na afirmação socrática "sei que nada sei", mas de uma *ignorância de segundo grau* "não sei que nada sei", como esclareceu lucidamente Von Foerster. De fato, sempre que temos a ilusão de ter entendido a realidade, nos afastamos de nosso problema fundamental: isto é, o de estarmos em um ponto cego do qual não podemos apreender as relações infinitas que todo objeto mantém com o mundo ao redor. Tudo isso torna ainda mais precária nossa capacidade de conhecer.

Durante muito tempo o conceito de objetividade, que surgiu nas ciências físicas, dominou e dividiu as ciências. Uma ciência, para ser digna desse nome, tinha de necessariamente definir seu objeto e as variáveis mediante as quais poderia prever os fenômenos observados. Tal ideia de ciência, seja qual for seu conteúdo, privilegia certezas e respostas em detrimento das perguntas. Está mais próxima de uma visão do mundo do que de uma visão da ciência. Com efeito, uma ciência deveria dar maior valor às perguntas, à experimentação, à descoberta de novas leis, regularidades, invariâncias.

Há muito tempo os pensadores e cientistas afirmam a necessidade urgente de reconsiderar a ciência. Embora com dificuldade, está surgindo uma nova concepção da objetividade científica que evidencia o caráter complementar, e não contraditório, das ciências experimentais e das ciências humanas. Não se trata de outro tipo de ciência. Nem do questionamento da tradição clássica das neurociências. É, antes, a tentativa de renovar o objeto da pesquisa naquela mesma tradição mediante uma linguagem que torne compreensíveis os processos e os eventos que as ciências cognitivas tradicionais definiram até aqui por meio de descrições. Tudo isso, tendo em mente que, se é verdade que, atualmente nem a ciência nem a filosofia podem nos dizer muito sobre a relação entre mente e corpo, a consciência e muitas outras coisas, tanto a ciência quanto a filosofia têm em comum esses mesmos problemas.

Um livro é sempre, inevitavelmente, a história de um caminho no qual ecoam mil vozes. Tenho consciência de que frases de reconhecimento sempre são insuficientes para expressar meu agradecimento àqueles que (por razões diferentes e, muitas vezes, indiretamente) apoiaram e incentivaram este trabalho, a todos quero aqui expressar a minha gratidão. Um agradecimento especial à equipe do Sesc São Paulo e a Danilo Santos de Miranda, diretor regional, por quem tenho sentimentos de admiração pelo que ele representa para a cultura brasileira e mundial.

Elogio da racionalidade imperfeita

Não sabemos que não sabemos

Os dogmas do cientismo talvez representem a herança mais onerosa da modernidade. Mais invasivos que os dogmas religiosos, com frequência alimentaram um racionalismo desmedido (uma *hybris* da razão) que pretendeu explicar tudo, impelindo à margem os inúmeros aspectos não racionalizáveis da vida humana: instintos, pulsões, angústias, sentimentos, paixões. Na tentativa de plasmar, conformar e tornar a projetar a realidade mediante estratégias de engenharia social, o racionalismo, no entanto, não raro se transformou numa heterogênese das finalidades, ou seja, em fracassos, destrutividade, opressão.

No século xx, muitos progressos científicos e técnicos conflitaram e falsificaram as pretensões e os abusos do cientismo mediante a descoberta de fenômenos complexos e a reelaboração de teorias. Frequentemente, aliás, as metodologias científicas mais criativas e flexíveis forneceram exemplos de moralidade científica, de prontidão à mudança, de busca da verdade como fim, e não como meio. O homem não é, nem nunca será, o deus diante de quem outro homem deve ajoelhar-se. Nenhum homem jamais será onisciente. Isso vale, antes de tudo, para os cientistas.

Talvez seja essa a lição mais importante que decorre das descobertas e das controvérsias da epistemologia contemporânea. Basta pensar no falibilismo e racionalismo crítico de Karl Popper, na virada epistemológica pós-positivista nas visões de Thomas Kuhn (a estrutura da revolução científica), de Imre Lakatos (a metodologia dos programas de pesquisa), de Paul Feyerabend (o anarquismo metodológico), de Edgar Morin (a complexidade): teorias divergentes em linhas de pesquisa, mas convergentes ao criarem um clima de pluralismo teórico oposto a todo monismo. Cada uma dessas teorias mostrou, de diferentes perspectivas, que a descoberta científica baseia-se numa ignorância consciente, no controle dos limites da razão. Nessa consciência, nesse saber de que não sabemos nada de absolutamente certo, consiste a sabedoria da tradição que vai de Sócrates a Popper. Se o sábio de Platão é aquele que sabe distinguir entre o bem e o mal, o sábio de Sócrates é aquele que sabe que não sabe, que conhece os limites e os erros gerados pelo conhecimento, quando solicitamos seus mecanismos internos.

O problema da ignorância não é, em âmbito científico, menos importante, fascinante e problemático que em âmbito filosófico. O cientista Heinz von Foerster enfrenta-o de forma original: "O que distingue um cientista de um não cientista é o fato de que o primeiro confessa imediatamente a própria ignorância. De fato, só à base dela surge seu desejo de conhecer. Se soubesse tudo não se colocaria nenhuma pergunta, não daria início a pesquisa nenhuma"[1]. A clássica afirmação socrática "sei que não sei" parece-lhe insuficiente, porque seu campo de forças ainda é o conhecimento.

Afirmando "não saber que não sabe", Von Foerster levanta a questão da ignorância de segundo grau, do ponto cego em relação a todo o resto: uma região na qual não vemos, sem saber que não vemos. Para encontrar uma solução, explicações de nada adiantam. Estas, de um lado, nos iludem como se nos fizessem compreender a realidade, e, de outro, nos afastam de nosso problema fundamental (o de não enxergar), o que piora, de fato, nossa capacidade de conhecimento.

O progresso científico dos últimos cinquenta anos tornou evidentes alguns limites básicos de nossa capacidade de autocompreensão. Kurt Gödel[2], especialmente, mostrou a impossibilidade de captarmos a coerência e a completude de um sistema formal dentro desse mesmo sistema. A esse propósito Von Foerster objetou:

---

1 Heinz von Foerster, "Non sapere di non sapere", in: Mauro Ceruti e Lorena Preta (orgs.), *Che cos'è la conoscenza*, Roma-Bari: Laterza, 1990, p. 5.
2 Kurt Gödel, *et al.*, *Collected Works* II. New York [etc.]: Oxford University Press, 1990.

O princípio de Gödel só é aplicável aos sistemas estritamente formais, mas nem sempre estamos inseridos num sistema formal; não levamos adiante um monólogo, assim como faz um sistema formal, somos animais dialógicos. O problema é semântico e não sintático, e podemos demonstrar que o princípio de Gödel não é aplicável a um universo semântico[3].

O cientista concentra a própria atenção em questões-limite, amiúde não analisáveis e imprevisíveis, que excedem o âmbito lógico-filosófico, passando para o metafísico. Isso acontece quando tomamos decisões sobre questões que, em linha de princípio, são indecidíveis. Vice-versa, as questões decidíveis dependem de regras que conhecemos. No entanto, elas apresentam questões que permanecem indecidíveis mesmo no âmbito de certas regras, como Kurt Gödel indicou. Mesmo problemas aparentemente evidentes permanecem indecidíveis. Perguntar-se, por exemplo, como teria sido gerado o Universo, é um problema que permanece indecidível. Que fique claro: não que não haja hipóteses, teorias ou narrações sobre as origens do Universo. Só que falta uma resposta unívoca. "Em minha opinião", conclui Von Foerster, "só podemos decidir as questões indecidíveis, porque as decidíveis já foram decididas com base em algumas regras"[4].

Como respondemos então à pergunta: representar o mundo ou construir o mundo? A fonte primária do conhecimento é dada por nossa experiência e o mundo é uma sua consequência? Ou a fonte primária é o mundo e a experiência é uma sua consequência? Não há resposta. Cabe a nós decidir. Willam Bartley[5], influenciado por Popper e Hayek, afirmava, com um aparente paradoxo, ter aprendido do primeiro que, quando dizemos alguma coisa, nunca sabemos o que realmente dizemos; e do segundo que, quando fazemos alguma coisa, nunca sabemos o que realmente fazemos. Se isso é verdade, então, quando dizemos alguma coisa, não sabemos propriamente o que dizemos, se respondermos às infinitas consequências de nossa teoria. Da mesma forma, quando agimos, não sabemos propriamente o que fazemos, dadas as infinitas consequências de nossa ação.

---

3 Heinz Von Foerster, *op. cit.*, p. 8.
4 *Idem, ibidem*, p. 10.
5 Willam W. Bartley, *Ecologia della razionalità*, Roma: Armando Editore, 1991.

Para Hans Georg Gadamer[6], indiscutível mestre da hermenêutica, uma obra de arte ou um texto literário tem efeitos que só mais tarde se tornarão conhecidos ao intérprete e que o próprio autor não podia conhecer. A criação não é o criador e o texto não se identifica com o autor. Por outro lado, como observou o crítico literário Mikhail Bakhtin[7], a grandeza de Shakespeare hoje é maior que em sua época, devido ao pleno desdobramento da riqueza polissêmica e do poder expressivo de sua obra teatral, que pôde superar as incompreensões e valer-se de uma enorme variedade de interpretações, de repetidas emoções de espectadores e de inúmeras gerações de leitores. Por esse contínuo afinamento interpretativo, e pelo fato de os espectadores de hoje poderem viver a extraordinária experiência de uma linguagem de pura invenção e perfeição formal, os textos de Shakespeare continuam a causar surpresa e admiração. Aliás, percebe-se esse aumento progressivamente, em contraste com a crescente banalização da linguagem diária e midiática.

Claro, o processo da descoberta científica é bastante diferente daquele da criação artística. Ambos, no entanto, têm a ver com surpresa e imprevisibilidade. Nas ciências sociais é útil lembrar a ironia crítica de *A fábula das abelhas*, de Bernard de Mandeville, sua achincalhação dos paradigmas cientificistas e das pretensões planejadoras determinadas pelos efeitos inintencionais das ações intencionais e dos benefícios públicos gerados pelos vícios privados. Escreve Mandeville:

> Um numeroso enxame de abelhas morava numa colmeia espaçosa. Ali, em feliz abundância, elas viviam tranquilas. Nunca abelhas viveram sob um governo mais sábio, e todavia nunca houve abelhas mais inconstantes e menos satisfeitas[8].

A colmeia era o reino da desigualdade, cheia de ladrões, falsários, alcoviteiros, magos e outras pessoas dedicadas a práticas desonestas. "Mas aqueles cujos tráficos eram os mais respeitados, embora na essência pouco diferentes dos primeiros, recebiam um nome mais honrado"[9]. E os que "exerciam alguma função ou tinham algum cargo possuíam alguma espécie de

---

6 Hans-Georg Gadamer, *Verità e método*, Milano: Bompiani, 1992.
7 Mikhail Bakhtin, *Estetica e romanzo*, Torino: Einaudi, 1979.
8 Bernard Mandeville, *La favola delle api*, Roma-Bari: Laterza, 1988, pp. 137-146.
9 *Idem, ibidem.*

malandragem que lhes era própria". Naquela situação, aliás, os jurisconsultos faziam de tudo para avivar as hostilidades, para arruinar seus clientes e tirar proveito de seus bens. Chegavam mesmo, "para defender uma má causa", a analisar "as leis com a mesma meticulosidade com que os ladrões examinavam prédios e lojas". Além disso, os padres eram "sem-vergonha como batedores de carteira, descomedidos como marinheiros". Os ministros enganavam seu rei e, impunes, saqueavam o tesouro. Porém, mesmo "sendo cada casta tão cheia de vícios, a nação em si desfrutava de uma feliz propriedade. Os vícios dos privados contribuíam à felicidade pública. Desde que a virtude, instruída pelas malícias políticas, aprendera os inúmeros e fáceis embustes da astúcia, e desde que travara amizade com o vício, até os mais perversos faziam alguma coisa para o bem comum"[10].

Ora, já que o vício produzia a astúcia, e esta se empenhava em laboriosidade, aos poucos a colmeia foi abandonando todos os confortos da vida. Para Mandeville, não devemos nos escandalizar com o fato de os vícios privados gerarem virtudes públicas. Isso acontece quando interações humanas individuais e relações sociais se libertam das prisões ideológicas. Essa dinâmica, aliás, é bem conhecida pela tradição do pensamento cristão: "Impediríamos muito do que é útil se todos os pecados fossem severamente proibidos"[11].

Efeitos inintencionais, decidir o indecidível, explicar o inexplicável: figuras de fronteira entre a ciência e a filosofia. Mas não é só a ciência a explorar o desconhecido: o mito também é um caminho para enfrentar o desconhecido, para resistir à angústia que os excessos de realidade provocam. Paul Ricoeur[12] fala de *metáforas vivas* geradas ininterruptamente pela linguagem e pela poesia, audaciosas pontes entre mundos (ideias e imaginação) que desde sempre estamos acostumados a considerar separados. A abordagem científica não pode ser apenas conceitual, tem de abrir-se a imagens, aproximações, conexões, encontros inusitados. Hans Blumenberg[13] questionou o nexo entre pensamento não conceitual e pensamento conceitual. Subtraindo as metáforas ao papel de mera introdução à raciona-

---

10 *Idem, ibidem.*
11 São Tomás de Aquino, *Suma teológica* II, II, ca. 78,1.
12 Paul Ricoeur, *La metafora viva: Dalla retorica alla poetica: per un linguaggio di rivelazione*, traduzione G. Grampa, Milano: Jaca Book, 2010.
13 Hans Blumenberg, *Paradigmen zu einer metaphorologie*, Bonn: H. Bouvier, 1960. Ed. it.: *Paradigmi per una metaforologia*, Bologna: Il Mulino, 1969.

lidade, ele lhes devolveu autonomia, apontando-as como a trama sutil que é o pano de fundo de nossa consciência, onde repousam nosso pensamento, nosso sentir, nosso crer: a esfera do que não é explicitamente teorizado ou tematizado, a "zona de sombra" que permite que nossa palavra e nosso pensamento se distingam do não dito ou impensado. Assim, qualquer enunciado nosso tem sentido, porque se inscreve no pano de fundo de um mundo simbólico pressuposto.

Assim, se os conceitos têm a ver com uma consciência determinada, as metáforas, ao contrário, referem-se ao mundo vital, como iluminações transversais que esclarecem os nexos significativos que não podem ser logicamente derivados. Por sua clareza e univocidade, os conceitos puros pagam um preço alto: a perda da multiplicidade de sentidos do mundo da vida. Ao contrário, as metáforas são ambíguas e têm referências muito amplas. Por mais vagas e imprecisas que sejam, no entanto, elas se ligam ao "mundo da vida". Paradoxalmente, por esse mesmo motivo, a ciência, sem saber o que fazer com elas, coloca-as à margem. Mas nem mesmo o pensamento mais abstrato pode abrir mão delas.

O (DES)CONHECIMENTO DO CAMINHO

Nenhum caminho pode ser conhecido com antecedência. O próprio caminho – mas podemos recorrer a outras metáforas, como a rota, a navegação, a viagem etc. – é uma experiência. Tanto a língua latina quanto a alemã têm palavras, como *ex-pereor* ou *er-fahrung*, que traduzem o termo experiência como viajar, atravessar. Ampliando seu halo semântico, "fazer experiência" pode significar navegar. Como deixar de pensar aqui no mito de Ulisses, o herói "belo de fama e desventura", que muito viajou, muito sofreu e por isso está em condições de atravessar obstáculos divinos e humanos?

Não é ousado aproximar essa ideia da viagem do sentido da pesquisa científica que emerge dos paradigmas pós e antipositivistas. Ainda que o mundo secularizado (e tecnicizado) e o aparecimento do homem copernicano tenham delineado uma antítese radical entre mito e razão, novas descobertas e mudanças de paradigmas deslocaram os limites do que é inexplicável e indecidível, entrando para o acidentado e empolgante território da ignorância consciente. Não se trata de buscar novidades absolutas, mas de seguir o rastro da persistência de histórias, linguagens, tradições.

Para Gadamer (1992), assim como para o último Wittgenstein, é ingênuo pensar no ânimo humano como uma tábula rasa sem condicionamentos ou conhecimentos prévios. De fato, segundo Gadamer, quem quisesse colocar tudo em dúvida nem chegaria a duvidar, já que o próprio jogo da dúvida pressupõe a certeza. Pois, de acordo com o filósofo alemão, as crianças só aprendem por acreditarem nos adultos: a dúvida só chega depois da crença. Compreendemos alguma coisa, portanto, só porque já a "pré-compreendemos". Uma ideia que acolhemos nos marca, nos orienta. Mas isso vale apenas até que a aprofundemos por ter se tornado problemática e insatisfatória.

Não há dúvida: toda pré-compreensão é um preconceito. Nossa tradição é, por inteiro, uma rede de preconceitos. Mas o preconceito não é um julgamento falso, algo intimamente negativo. Sempre julgamos, necessariamente, desde um ponto de vista limitado e antes ainda de termos compreendido a fundo a questão. Ninguém está isento de preconceitos; quem acredita estar imune aos preconceitos, confiando na objetividade do método e negando as circunstâncias históricas que o condicionam, mais cedo ou mais tarde será influenciado pelos preconceitos que o guiarão, como uma força às suas costas, de maneira inconsciente e descontrolada.

Todos nós, portanto, somos marcados pela tradição. Mesmo que quiséssemos, não poderíamos livrar nossos preconceitos de nossos pré-condicionamentos históricos. Não podemos apagar a história escrita na "folha" de nossa vida. Podemos apenas reescrevê-la, reelaborá-la, incessantemente.

A IGNORÂNCIA DAS SOLUÇÕES UNÍVOCAS

Um método científico flexível poderia ser comparado a um "jogo", cujas regras são válidas para todos os participantes e que solicita suas capacidades criativas dentro de um contexto estabelecido. Ou seja, um jogo que pressupõe certa dose de ignorância e, acrescentemos, de distração e presunção. De maneira sutil e penetrante, Paul K. Feyerabend recorda que:

> [...] não há ideia que não se despedace quando examinada em detalhes. Isso nos leva imediatamente à segunda limitação: nem as teorias nem as ideias podem guiar as ações humanas ou justificá-

-las uma vez que elas tenham sido levadas a termo. O motivo é que o universo das ideias é dominado pelo conflito, que, se os homens deixassem descontrolado, permitiria, ordenaria, vetaria qualquer tipo de ação. Mas os homens agem, e o fazem de modo mais ou menos coerente. Aliás, não podemos acrescentar nada sem uma considerável quantidade de ignorância, distração, presunção, e estaríamos perdidos sem aquele estranho e impenetrável fenômeno que chamamos escolha[14].

Toda vez que as ideias de realidade ou de racionalidade se tornam parte de uma escolha, elas próprias mudam, pois os conceitos dependem dos modos como influenciam as ações. Nesse sentido melhores as escolhas múltiplas que as unívocas. A univocidade não indica, de modo algum, o caminho certo. Os problemas sempre apresentam muitas soluções, não apenas uma. Soluções unívocas são resultado de ignorância ou negligência, não de conhecimento profundo.

Diante da pergunta sobre como se orientar, o filósofo da ciência Feyerabend surpreende como sempre e sugere que se decomponha o "nós" em um "você" e um "eu" como partes de uma entidade desconhecida que poderíamos chamar de Ser. Nós desafiamos o tempo todo o Ser, recebendo em troca respostas diferentes a mundos manifestos, como os define Feyerabend. Num mundo manifesto é possível separar os atos de observação dos objetos ou dos fatos observados. Isso, no entanto, não quer dizer que as "coisas observadas" coincidam com o Ser.

Como todo mundo identificável, o mundo que permite a separação é uma resposta do Ser e, além disso, é diferente do próprio Ser. Identificar os mundos manifestos mais conhecidos com o Ser não só desvaloriza os outros mundos manifestos que são igualmente claros como revela também uma considerável falta de perspectiva. Imaginem que algumas de suas bactérias intestinais comecem a pensar e desenvolvam uma visão de mundo. Por acaso não riríamos delas se declarassem que o cosmo por elas descoberto representa o mundo todo e que as leis válidas nele valem em toda parte? Todavia, é isso que estamos fazendo e que fizemos durante séculos. Embora

---

14 Paul Karl Feyerabend, "Idee: balocchi intellettuali o guide per la vita", in: Mauro Ceruti *et al.* (org.), *Il caso e la libertà*, Roma-Bari: Laterza, 1994, p. 30.

minúsculos com relação à história da vida, e absolutamente insignificantes com relação à história da matéria segundo nossa reconstrução, pretendemos ter resolvido o enigma do Universo. Tais pretensões e tal vaidade "devem ser espezinhadas na poeira" (Montaigne) é universalmente conhecido, se quisermos obter uma melhor e mais correta avaliação de nossas capacidades e resultados.

O cientista é um especialista do desconhecido, alguém que assume até o fim o sentido e o valor altamente científicos da afirmação nietzschiana nada "científica" de que "é do caos que nascem as estrelas".

Scientific American Brasil, 2004

Decisões que a razão desconhece

O conceito de decisão (do latim *de-cidere*, "separar, cortar") indica um processo de redução das possibilidades de ação e, como tal, representa um dos núcleos mais problemáticos da racionalidade. Na medida em que evoca uma relação entre razão e ação, a decisão se reveste das interrogações sobre os fundamentos da atuação humana. A epistemologia da ciência e da psicologia não podem deixar de tratar essa questão essencial.

Aristóteles e os escolásticos foram os primeiros a apontar certa correlação conceitual entre a decisão e a escolha como a petição deliberada que concerne a coisas que dependem de nós. Spinoza identificou a decisão com o desejo ("determinação do corpo") que pode ser deduzido das leis do movimento e da quietação. Livre ou determinada, o fato é que a decisão invariavelmente é concebida pelos filósofos como o ato que discrimina entre alternativas possíveis. Isto é, ato que antecipa e planeja, que condiciona o futuro mediante a determinação das possibilidades efetivas.

As teorias atuais sobre a decisão racional consideram elevado o papel da incerteza, da falibilidade e do risco. De acordo com a teoria clássica, um decisor escolhe entre um número finito de alternativas, e cada uma das quais produz consequências. No entanto, a interação entre decisor e ambiente mostra sua inadequação. Segundo Simon[15], é necessária uma teoria da es-

---

15 Herbert A. Simon, *Reason in human affairs*, Stanford: Stanford University Press, 1983.

colha que reconheça que as alternativas não estão dadas definitivamente; ao contrário, devem ser procuradas, levando-se em conta a difícil tarefa de determinar quais consequências cada alternativa acarreta.

Opondo-se às teorias fundamentadas na maximização, Simon propõe uma *teoria da racionalidade limitada*, em que os limites cognitivos induzem o decisor a recorrer a um modelo simplificado do mundo com o qual interage. O critério fundamental dessa teoria é a noção de *satisficing*, cujo pressuposto é de que o indivíduo trabalha tendo em vista um resultado satisfatório, embora não necessariamente ótimo.

As observações atuais e a análise dos comportamentos individuais fornecem um maior número de evidências e referências teórico-metodológicas do que há algumas décadas, e isso também se deve à contribuição dos estudos experimentais da psicologia da decisão. Nos anos recentes, nenhuma disciplina enfrentou com mais afinco as problemáticas da escolha individual do que a psicologia, particularmente aquela parte que identifica nos processos cognitivos e nas regras do raciocínio os princípios fundamentais do comportamento humano. Nesse sentido, a psicologia, ao assumir a ideia de Simon, deslocou a atenção da racionalidade do resultado do processo decisório (racionalidade substantiva) para a racionalidade do processo decisório como tal (racionalidade do procedimento).

Psicologia da decisão

Em *Choices, values and frames*, Kahneman e Tversky[16] fornecem uma ampla síntese dos resultados teóricos e experimentais obtidos pela "psicologia da decisão", particularmente aquela tradição de pesquisa definida como *heuristics and biases approach* (abordagem heurística e tendenciosa). Trata-se de um método de estudo que consiste em submeter a grupos de indivíduos, colocados em condições experimentais, problemas decisórios oportunamente elaborados para verificar se eles raciocinam e decidem conforme o modelo da escolha racional e a *teoria da utilidade esperada*.

---

16 Daniel Kahneman, Amos Tversky, (orgs.), *Choices, values and frames*, New York: Russeel Sage Foundation; Cambridge: Cambridge University Press, 2000.

As divergências que surgem entre as previsões do modelo e o desempenho efetivo dos indivíduos são explicadas pela hipótese da existência de regras racionais e de princípios de escolha distorcidos (*biased*). Essas distorções derivariam da interferência de fatores cognitivos e contextuais na maneira com que se interpreta o problema e das informações de que se dispõe.

Diferentemente de Simon, Kahneman e Tversky distinguem as causas do caráter imperfeito da escolha não somente nos atalhos do pensamento com que o decisor elabora as informações, mas também na própria representação do problema decisório. De fato, os indivíduos tendem a fazer a representação mental de um evento e de uma ação não com base em conhecimentos objetivamente verificados e confiáveis, mas em conhecimentos que lhes ocorrem antes de outros, ou então remetendo-se exclusivamente à experiência pessoal, ou, por fim, deixando-se levar pelo medo, e não pelo cálculo objetivo do risco. Os enquadramentos (*frames*) nos quais os agentes encaixam as situações induzem-nos a evidenciar apenas alguns aspectos das alternativas, a avaliar suas consequências de maneira errônea, a considerar as informações disponíveis de maneira parcial.

Desse modo, a busca do melhor caminho decisório se torna impossível, porque o funcionamento intrínseco dos processos cognitivos não a permite; mas a explicação para uma escolha pessoal de caráter imperfeito – em decorrência dos limites cognitivos e temporais – está no fato de o decisor se adaptar a uma solução que, ao menos momentaneamente, lhe parece satisfatória.

A psicologia da decisão, ao contrário, tende a salientar o caráter antinormativo do processo de escolha, permanecendo, assim, muito influenciada pela teoria da utilidade esperada. Ademais, a aplicação da psicologia da decisão aos fenômenos complexos deixa totalmente inexplicada a origem dos enquadramentos. De fato, a não ser que se aceite a tese de enquadramentos completamente arbitrários, permanece questão aberta a possibilidade de inclusão destes na abrangência do conceito de racionalidade.

Origem dos enquadramentos

Uma resposta à pergunta sobre a possibilidade de haver racionalidade também na origem dos enquadramentos deriva da teoria das instituições, particularmente daquela parte atenta aos desdobramentos da psicologia e das ciências da mente, segundo Lupia, McCubbins e Popkin, em *Elements of reason*[17]. Trata-se de uma área de pesquisa das ciências sociais fundamentada no princípio de racionalidade dos agentes que, por meio de uma crítica à capacidade de o modelo de escolha racional descrever os efetivos comportamentos individuais, levanta a hipótese de um quadro factual de racionalidade no âmbito da decisão e do raciocínio humano.

Segundo esses autores, o objetivo fundamental das ciências sociais é explicar por que as pessoas agem da maneira como agem. Naturalmente, a dificuldade metodológica é determinada pela impossibilidade de acessar os eventos psíquicos que antecedem a escolha. Assim sendo, só podemos descrever o comportamento humano com base em conjecturas quanto à relação entre ideias e escolhas, supondo, na maioria das vezes, haver forte nexo entre a racionalidade das ideias e das escolhas. Apesar disso, Lupia, McCubbins e Popkin concluem que uma escolha racional baseia-se em razões, independentemente de quais sejam elas.

Essa conclusão requer o uso de uma teoria da racionalidade fundamentada em três premissas:

a) a centralidade do conceito de escolha racional para a explicação do comportamento humano;
b) o efeito do funcionamento da mente na maneira como as pessoas decidem de fato;
c) a importância do contexto social e institucional em que o agente age.

Se a psicologia e as ciências cognitivas investigam o funcionamento da mente, a teoria das instituições tenta explicar a seleção dos modelos mentais com os quais os agentes interpretam as situações. Segundo essa teoria, as instituições é que influem na escolha dos enquadramentos, ao passo que as decisões incidiriam como causa do processo decisório na hora da escolha. Ora, é evidente que o projeto teórico em questão apresenta aspectos insuficientes e problemáticos: em primeiro lugar, porque a noção de razão permanece, em seu conjunto, genérica; em segundo, porque não se discute nenhuma racionalidade decisória específica; por fim, porque permanece

---

17 Arthur Lupia, Mathew D. McCubbins, Samuel L. Popkin, *Elements of reason: Cognition, choice, and the bounds of rationality*, Cambridge; New York: Cambridge University Press, 2000.

vaga a relação entre componente causal (estruturas da mente) e teleológico (a tensão dinâmica dos agentes).

E mais: entre conceitos que se referem a vínculos externos e outros que se referem a vínculos internos, deveria haver ligação lógica para evidenciar que as instituições influem sobre as ideias do agente. Caso contrário, não se compreenderia por que os agentes sociais têm memória das instituições e dos modelos mentais com que observam a realidade – fato que subordinaria consideravelmente suas escolhas ao contexto histórico e institucional em que se manifestam.

A essa altura há que se perguntar: que fundamento pode ter uma teoria da decisão? O filósofo da ciência Karl R. Popper[18]– partidário de uma visão *dedutivista* da metodologia da ciência que se contrapõe ao empirismo *indutivista* do neopositivismo – observa que para haver progresso do conhecimento científico não é necessário que as teorias derivem de observações e experimentos; basta que esses dois sejam o momento de verificação das teorias. Para Popper, o conhecimento não segue indutivamente e, portanto, não há aprendizado mediante a *repetição* da experiência do mundo externo, mas por meio de um papel ativo da mente. A mente, de fato, explora o ambiente através dos órgãos dos sentidos e a integração no plano consciente que, na visão popperiana, são *quase teorias*. Nesse sentido, o conhecimento não consiste em recepção e classificação "passiva" atuadas pela mente, mas em racionalidade que se caracteriza por "tentativa e erro", que também pode ser aplicada ao mundo social.

Gerard Radnitzky[19] – como também William W. Bartley III e Hans Albert – tentou defender e desenvolver com coerência as ideias de Popper. Esse desenvolvimento cumpriu-se fundamentalmente por meio de sua "empirização". Com efeito, de um lado Radnitzky transformou as regras metodológicas contidas em *A lógica da descoberta científica*, obra de 1934 de Popper[20], em uma *praxiologia*: ou seja, num conjunto de prescrições condicionais que deveriam permitir ao cientista (uma vez especificados os vínculos e os re-

---

18　Karl R. Popper, *Conjectures and refutations: The growth of scientific knowledge*, London: Routledge, 2002.
19　Gerard Radnitzky, *apud* Karl R. Popper, Konrad Lorenz, *Il futuro è aperto: il colloquio di Altenberg insieme con i testi del simposio viennese su Popper*, introduzione e traduzione di Dario Antiseri, prefazione di Franz Kreuzer, Milano: Rusconi Editore, 1989.
20　Ed. bras. Karl R. Popper, *A lógica da descoberta científica*, 2ª ed., São Paulo: Cultrix, 2013.

cursos) maximizar as possibilidades de alcançar o fim escolhido; de outro, procurou inserir a racionalidade científica popperiana em um quadro mais amplo, que abrange alguns resultados fundamentais da teoria econômica contemporânea.

Para Radnitzky, a questão básica da racionalidade não é a análise abstrata das teorias, mas as dinâmicas da escolha. Esse aspecto da racionalidade pode ser enunciado como a escolha dos meios mais apropriados em relação às finalidades dadas. Na perspectiva de Radnitzky – cujo tema central é a competição – a racionalidade da escolha só pode emergir da comparação de alternativas que competem umas com as outras pela solução do mesmo problema. Nesse sentido, o jogo da ciência mostra afinidades significativas com o jogo da economia. A competição, desse modo, permite a manifestação daquelas variações individuais que se afirmam como as melhores e que depois serão imitadas pelos outros indivíduos. Aqui, competição não quer dizer conflito, mas a expressão de uma cooperação para conseguir os melhores resultados. O respeito às regras do jogo é a condição essencial de sua possibilidade. Por isso, os cientistas que "adulteram" o jogo, transformando a competição entre ideias em conflito e produzindo, portanto, resultados não confiáveis, com o tempo serão penalizados.

A aproximação entre ciência e economia induz Radnitzky a procurar uma correlação entre os conceitos dos dois âmbitos. Pensemos, por exemplo, de um lado, na eliminação do erro com base na observação e no experimento; e, de outro, na decepção sistemática que os mercados dão a muitas expectativas empresariais. Talvez, dentro de certos limites, poderíamos dizer que o próprio cientista é um empresário do conhecimento. A dogmatização do erro que muitas vezes comete é simétrica ao protecionismo econômico, cujos efeitos são manter vivos modos de produção menos eficientes do que outros, ou totalmente ineficientes.

Racionalismo pancrítico

No rastro teórico de Bartley, Radnitzky tem plena convicção de que a teoria popperiana da racionalidade deve ser generalizada e o racionalismo crítico deve tornar-se, por assim dizer, um racionalismo "pancrítico". À diferença do primeiro, no entanto, o segundo não acredita que devam existir princípios indiscutíveis. Uma "fé irracional da razão" é implausível. Maiores os motivos, portanto, para refutar as teses de Karl Otto Apel[21], ou dos filósofos influenciados pelo segundo Wittgenstein, para quem toda atividade crítica se dá, necessariamente, dentro de indiscutíveis quadros conceituais.

Naturalmente, asseverar que tudo pode ser submetido à crítica não implica automaticamente que tudo deva ser submetido à crítica. A determinação de quais ideias serão submetidas à crítica depende de escolhas que envolvem avaliações, cálculos, previsões. O cientista, assim como o agente econômico, dispõe de escassos recursos: talento, tempo, meios. Não existe, portanto, nenhum critério fundamental para a aceitação ou a rejeição de uma teoria. E, por outro lado, isso não significa cair no relativismo, pois, nesse caso, acabaria por determinar-se a mesma decepção provocada pelo malogro da visão neopositivista, centrada no valor fundamental da experiência. Nesse sentido, um problema epistemológico não tem definições e soluções *a priori*. Elas aparecem de um contexto determinado no qual uma ideia ou teoria se insere.

Uma ideia racional, e, ainda mais, uma psicologia eficaz da decisão, deve furtar-se ao determinismo. Ao desenvolver uma visão indeterminista – quer da mecânica quântica, quer da mecânica clássica – Popper tentou evidenciar a importância moral do problema, avaliando que a visão determinista invalida em seus alicerces os conceitos de liberdade e de responsabilidade. Para ele, uma decisão racional não pode escapar dos critérios fundamentais do exercício da liberdade e da ética da responsabilidade.

O que significa, então, racionalidade limitada e responsabilidade decisória (ao menos autocontrolada) no campo das ciências cognitivas? Como não cair na falácia das *ilusões cognitivas* e das *intimidades perceptivas* não vinculadas a verificações experimentais e confrontos com teorias alternativas?

Nossa época ganhou como herança um dilema: a racionalidade é um *dado* natural da espécie humana, ou, antes, é uma conquista suada, uma meta a ser alcançada? Essa *vexata quaestio* recebeu novas e surpreendentes respostas, nos últimos trinta anos, da análise sistemática dos raciocínios humanos, que resultaram ser raciocínios sobre casos-modelo. A filosofia enquanto tal foi substituída, em parte, pela ciência experimental, que modelou casos concretos o bastante para serem reproduzidos, significativos e

---

21 Karl Otto Apel, *Il logos distintivo della lingua umana*, Napoli: Guida, 1989.

controláveis, mas também muito gerais para revelar os processos mentais fundamentais de nossa vida diária. Particularmente interessantes revelaram-se aqueles testes de raciocínio que deveriam ser resolvidos baseando-se em regras abstratas e precisas – já reconhecidas por psicólogos, filósofos, economistas e teóricos da decisão – mas que, ao contrário, muitos resolvem de improviso e de maneira muito diferenciada. Descobriu-se, portanto, experimentalmente, que – à luz de intuições espontâneas bastante anômalas e adotando inconscientemente pequenas regras mecânicas incompatíveis com as da racionalidade – muitos indivíduos percorrem verdadeiros "atalhos" da mente, tão fáceis quanto falaciosos.

Ora, se encontrar atalhos em determinados percursos de pesquisa às vezes pode ser útil, esses atalhos, amiúde, resultam dispersivos: ou seja, revelam-se automatismos incorrigíveis, que nos levam – como numa heterogênese dos fins – em direção a destinos diferentes daqueles que imaginávamos. Por fim, não só não se percebe que se chegou a algum outro lugar, mas se acredita, em perfeita ilusão cognitiva, que a meta preestabelecida foi alcançada e o problema inicial, resolvido. Com certa frequência, ao raciocinarmos rapidamente, temos plena convicção de que desenvolvemos um raciocínio verdadeiro e, portanto, insistimos na exatidão de nossas intuições e conclusões, com tamanha obstinação que "não escutamos ninguém".

A vivência pessoal de quem toma um desses atalhos, ou, se quisermos, "túnel da mente" (em jargão, *biases*, termo difícil de traduzir) não é a de quem está incerto diante de um problema complexo; ou a de quem, após ter considerado diferentes soluções, "decide" por uma delas, ao acaso. Aqueles atalhos mentais parecem incontestáveis. Na verdade, nem se chega a desconfiar que poderia haver um quê de irracional nas decisões e nos juízos. Com efeito, a resposta dada parece óbvia, natural, justa. Isso, naturalmente, não deve fazer com que concluamos que o homem é fundamentalmente irracional, mas, antes, que a racionalidade é um ideal complexo em si, ao qual tendemos por aproximações, como em direção a uma zona-limite.

Há que ser dito, também, que as escolhas, os juízos e os comportamentos racionais *não* brotam por simples prolongamento ideal das normas psicológicas espontâneas, isto é, as que ditam nossas escolhas efetivas. A ordem dos processos cognitivos não é a de uma "pequena razão" ou de uma racionalidade aproximada. A racionalidade ideal não é uma espécie de psicologia espontânea "depurada". Sobre conteúdos específicos, e em situações específicas, os caminhos da racionalidade e os túneis de nossa psique divergem drasticamente (Piattelli Palmarini[22]). É óbvio que daí não deriva automaticamente um conflito entre os juízos espontâneos e os juízos racionais ideais. Estes não estão nem em harmonia nem em conflito, porque a razão não é uma faculdade congênita que pode agir espontaneamente e sem esforço. Antes, o juízo racional move muitas faculdades que, às vezes, estão em contradição e conflito umas com as outras.

A racionalidade, portanto, nunca é um dado psicológico imediato, mas um exercício complexo que só se obtém (e se mantém) a determinado custo psicológico. Da análise dos túneis da mente constatamos que ilusões cognitivas são totalmente ilusões, assim como a racionalidade ideal é, justamente, um *ideal*. O custo *real* (não apenas psicológico) de abandonar-nos a nossas ilusões cognitivas seria muito maior do que o custo psicológico de vencê-las. Isso mostra que a racionalidade não é uma faculdade garantida e espontânea de nossa espécie. O que pertence à nossa espécie, eventualmente, é a capacidade de identificar determinadas contradições, saber controlá-las e refutá-las. O exercício da racionalidade obriga-nos a reconhecer nossos limites, a conhecer melhor sua acidentada geografia, a elaborar novas teorias da mente, a melhorar nossos juízos, com a orientação dessas teorias e da consciência de nossos limites naturais.

Por outro lado, como considerar esses limites naturais e sua função em nossa atividade cognitiva? Se nosso conhecimento reside no substrato biológico do corpo, somos capazes, no entanto, de nos autodescrever em uma quantidade de níveis praticamente indefinida. Através do sistema nervoso, essas duas modalidades se sobrepõem e constituem a mais próxima e mais fugidia de todas as experiências de nós mesmos. Escreve Varela:

> [...] não podemos sair da esfera traçada por nosso corpo e por nosso sistema nervoso. Não existe mundo a não ser aquele que experimentamos mediante os processos que nos são dados e que fazem de nós o que somos. Encontramo-nos numa esfera cognitiva cujas fronteiras não podemos ultrapassar, e da qual não podemos estabelecer nem o começo nem as modalidades [...] não podemos recon-

---

[22] Massimo Piattelli Palmarini, *L'illusione di sapere. Che cosa si nasconde dietro i nostri errori*, Milano: Arnoldo Mondadori, 1993.

duzir uma experiência às suas origens de modo direto. Se, de fato, tentássemos remontar à fonte de uma percepção ou de uma ideia, encontraríamo-nos em um fractal em ininterrupto afastamento, e onde quer que resolvêssemos cavar sempre encontraríamos uma fartura de detalhes e de interdependência. Sempre se trataria da percepção de uma percepção de uma percepção... Ou da descrição de uma descrição de uma descrição... Não há um ponto no qual podemos jogar a âncora e dizer a percepção começa aqui, começa dessa maneira[23].

Por convenção acredita-se que a experiência seja um fato alternativamente objetivo ou subjetivo. Ou seja, o mundo existe, e nós podemos vê-lo assim como realmente é ou através de nossa sensibilidade subjetiva. Se, ao contrário, observarmos o fio condutor de sua história natural, poderemos ver essa opção de uma perspectiva diferente: a da participação e da interpretação em que sujeito e objeto estão inseparavelmente combinados e misturados. Essa interdependência se mostra na medida em que não há nenhum ponto em que possamos começar a dura descrição de um ou de outro. Ademais, seja qual for o lugar que escolhamos para começar, sempre damos por nós como diante de um fractal, que reflete exatamente meu ato: ou seja, o ato de descrevê-lo. Por meio dessa lógica nos colocamos em relação ao mundo como se estivéssemos diante de um espelho. Isso não nos diz como o mundo é ou como não é. Isso diz apenas que é possível sermos do modo que somos e agirmos do modo que agimos: em última análise, apenas que nossa experiência pode se dar.

> [...] que o mundo possua essa trama plástica, nem subjetiva, nem objetiva, nem única e divisível, nem dúplice e indivisível, é fascinante. Isso indica quer a natureza do processo, que podemos descrever em todos os seus aspectos formais e materiais, quer os limites fundamentais da compreensão de nós mesmos e do mundo. Mostra que a realidade não é construída somente a nosso bel-prazer, pois isso significaria dar por certo que se possa escolher um ponto de

---

23 Francisco Varela, "Il circolo creativo: abbozzo di una storia naturale della circolarità", in: Paul Watzlawick (org.), *La realtà inventata*, Milano: Feltrinelli, 1988, p. 269.

partida: o interno, primeiramente. Mostra também que a realidade não pode ser entendida como dada, de modo que deveríamos percebê-la e acolhê-la, como um recipiente, porque isso também imporia assumir um ponto de partida: o externo, primeiramente. Mostra, de fato, a substancial falta de fundamento da nossa experiência, em que nos são fornecidas normas e interpretações que brotaram de nossa história comum como seres biológicos e entidades sociais. Nessas esferas consensuais da história comum, vivemos em uma metamorfose aparentemente interminável de interpretações que se seguem a interpretações[24].

Em conclusão, a ausência de fundamento não dá para o vazio, mas é a base para compreendermos que o velho ideal de objetividade é totalmente insuficiente. Se soubermos resistir ao vazio que a ausência de certezas provoca e reconhecer a natureza conjectural de nossos pontos de vista, nos será mostrado um mundo feito de múltiplas versões, no qual ninguém pode gabar-se de uma compreensão melhor do que as outras. Talvez, a essa altura, esse pluralismo cognoscitivo poderá tornar-se o fundamento não só do recíproco respeito pelas diferentes tradições alternativas, mas também da decisão e da escolha como responsabilidade e autocontrole: gesto este que também é o ponto-limite em que as ações humanas se tornam mais claras do que as palavras.

Scientific American Brasil, 2005

---

24 *Idem, ibidem*, pp. 270-271.

Racionalidade para mortais

O rápido desenvolvimento das neurociências não só estimula a esperança de podermos compreender muitas doenças neurológicas e psiquiátricas como permite analisar quantitativamente aspectos psicológicos considerados, até agora, não mensuráveis, como a heterogeneidade das preferências e dos critérios de escolha, a interferência das emoções nos processos de tomada de decisão e sua aparente coerência, entre outros. Na realidade, o estudo sistemático dos fundamentos biológicos dos comportamentos e dos processos ativados nas escolhas econômicas já definiu novo âmbito de pesquisa transdisciplinar – a neuroeconomia – que se tornou ponto de confluência de estudos de neurociências, economia e psicologia e se candidata como alternativa à visão neoclássica da economia, segundo a qual o *Homo oeconomicus* age dentro dos vínculos de uma racionalidade perfeita, que pode ser formalizada e tende à maximização da utilidade esperada.

A possibilidade de registrar e fotografar, com técnicas de imageamento cerebral, os processos cerebrais enquanto as pessoas pensam e escolhem – e, portanto, avaliam quantitativamente seus pensamentos e emoções – levou muitos estudiosos a considerar que logo será possível ter acesso à mente do decisor, esclarecendo, desse modo, parte relevante do comportamento humano. Segundo esse paradigma, a interação de economia, psicologia e neurociências logo revelará um modelo capaz de apreender todos os elementos até agora negligenciados, por não serem considerados mensuráveis: a aparente incoerência do comportamento humano na solução de problemas econômicos, a heterogeneidade das preferências e dos critérios de escolha, a interferência das emoções.

As técnicas de imageamento cerebral, em especial, mostraram que os processos decisórios ativam, sobretudo, duas áreas do cérebro: o lobo frontal e o sistema límbico, uma grande circunvolução que margeia o corpo caloso na superfície medial dos hemisférios e se prolonga abaixo dele. A evidência disso é demonstrada também pela dimensão clínica. De fato, lesões do lobo frontal prejudicam tanto a capacidade de tomar decisões vantajosas para si próprio e os outros quanto decisões concordes com as convenções sociais. Diante de prejuízos neurológicos dessa espécie, de nada adiantam a inteligência, o conhecimento, a habilidade em manipular a lógica, a linguagem e assim por diante: tornamo-nos totalmente incapazes de tomar decisões no trabalho, nas finanças e nas relações com os demais. Além disso, perdemos aquela função cognitiva extremamente complexa que permite recuperar informações sobre os modos de agir e de tomar decisões em situações parecidas. Nessas circunstâncias, de fato, não só precisamos enfrentar os problemas específicos que temos diante de nós, mas também recuperar as instâncias emocionais que nos socorrerão ao tomarmos decisões.

Razão e emoção

Durante boa parte do tempo, fazemos escolhas com base em instâncias não plenamente conscientes. Claro, decisões fundamentadas em estratégias de raciocínio formal são possíveis, mas elas sempre devem ser cotejadas com a memória de eventos passados para a formulação de soluções voltadas à obtenção dos resultados desejados. Especialmente em situações de incerteza, sistemas como esses são extremamente úteis para agirmos com perícia e rapidez. De fato, é bem mais "econômico" valer-se de determinados sinais que analisar algumas situações em todos os seus detalhes.

Nos últimos anos, a capacidade de as emoções influenciarem nossas decisões racionais está no centro de intenso debate. Segundo o neurologista português António Damásio[25], todos os dias realizamos ações concretas

---

25 António Damásio, *O erro de Descartes: emoção, razão e o cérebro humano*, São Paulo: Companhia das Letras, 1996.

nada abstratas, das quais temos plena consciência no plano das consequências pessoais e sociais. Além disso, à diferença do que afirmava Descartes, razão e emoção não são esferas separadas: ao contrário, a razão é guiada pela avaliação emocional das consequências da ação. Não há, portanto, dualismo nenhum entre mente e corpo: a atividade da mente não coincide com o raciocínio puro, e a do corpo não se limita à satisfação exclusiva das necessidades físicas. Essa separação é um mito. Em seu caminho evolutivo, a mente construiu a si própria de maneira a melhorar as chances de satisfazer nossas necessidades físicas e psicológicas. Para isso, a mente deve receber informações das estruturas neurais que elaboram as respostas afetivas aos estímulos e aos conteúdos da memória.

Um modelo abstrato de decisão racional não é apropriado para uma pessoa que deve realizar escolhas o tempo todo. Na verdade, nem sempre estamos em condições de escolher entre opções claras e, além disso, muitas vezes devemos decidir rapidamente entre condutas diferentes. Para o pesquisador, então, é necessário identificar um equivalente fisiológico – que Damásio acreditou ser um "marcador somático" – apto a discriminar os diferentes comportamentos e a nos auxiliar a esclarecer tanto a natureza das decisões quanto suas implicações psicobiológicas. Por exemplo, um filme de terror provoca reações nada frias ou meramente racionais. Elas são literalmente físicas. As mãos podem transpirar, e os músculos do rosto e do estômago, se contrair. A própria memória desses eventos é capaz de reativar intensas reações físicas, ou, ao menos, a lembrança dessas reações. Isso induz a crer que a urgência de formular uma decisão implica a ativação das representações de eventos similares que vivenciamos no passado. Essas lembranças, no entanto, não são vividas como experiências abstratas: estão impregnadas das emoções a elas associadas. Mas como é possível reviver eventos passados e quais as consequências emocionais e afetivas de nossas experiências anteriores?

Contra o lugar-comum de que seria melhor não se deixar levar pelas emoções, as memórias emotivas são essenciais para a decisão. No plano subjetivo, as emoções sentidas nos colocam em guarda contra as escolhas associadas às sensações negativas e nos fazem tender para aquelas ancoradas a sensações positivas. No plano fisiológico, no entanto, o indicador de emoções expressas – "os marcadores somáticos" – nos faz prever, com ótima aproximação, as consequências emocionais de toda ação possível.

Essas emoções podem até não nos levar à escolha ideal, mas restringem o campo das escolhas possíveis. A memória de trabalho é um recurso limitado, e, como não podemos examinar todas as opções que uma situação nos oferece, os marcadores somáticos são uma excelente maneira de apontar a melhor escolha entre as opções possíveis.

Lesões do córtex órbito-frontal

A articulação dos marcadores somáticos é uma chave eficaz para a interpretação do comportamento paradoxal dos pacientes com lesões do córtex órbito-frontal. Quando essa área é prejudicada, as representações necessárias para guiar e produzir uma ação ainda entram na memória de trabalho, mas desprovidas de seu conteúdo emocional. Um paciente desse tipo ainda pode refletir sobre os problemas, mas o faz de maneira indiferente. Por exemplo, a morte de um ente querido ou um evento dramático, para esse paciente, são desprovidos daquela sensação de dor que habitualmente acompanha danos como esses. A validade dessa hipótese é demonstrada pelo fato de que as lesões órbito-frontais eliminam a elaboração emocional das memórias afetivas, modificando a resposta de condutância cutânea (scr, na sigla em inglês) mediada pelo sistema nervoso autônomo. De fato, nos pacientes que apresentam lesões do córtex pré-frontal, o registro dos índices fisiológicos resulta completamente plano: fazem escolhas inapropriadas e são incapazes de gerar respostas de condução cutânea antecipadas em relação a escolhas que, de todo modo, são inadequadas. Por exemplo, situações que deveriam alarmar o paciente não provocam a menor reação. Isso demonstra haver relação diretamente proporcional entre o achatamento emotivo desses pacientes e os indicadores fisiológicos emocionais.

À luz dessas evidências, é preciso se perguntar: as respostas fisiológicas e emocionais medeiam de fato os processos de decisão? Os pesquisadores tentaram responder também a essa pergunta por meio de testes como o do *risk taking*, no qual, a determinados estímulos, se associam (falsas) recompensas e penalidades em dinheiro. De fato, os sujeitos são livres para escolher as cartas de dois baralhos, aprendendo, por tentativa e erro, qual dos dois faz com que ganhem mais pontos. O objetivo do jogo é ganhar a quantia de dinheiro mais alta possível, e, a cada vez, é preciso escolher um baralho e mostrar a primeira carta. As cartas de determinados baralhos permitem ganhar quantias elevadas (US$ 100), mas também podem impor penalidades pesadas (de até US$ 1.250). Em outros maços de recompensas as penalidades são mais moderadas (é possível ganhar US$ 50 e perder até US$ 100). Os sujeitos de controle escolhem gradualmente os baralhos do último tipo, enquanto os pacientes com lesões órbito-frontais preferem os baralhos de maior risco, talvez por se sentirem atraídos pelos frequentes ganhos de US$ 100, apesar das penalidades muito altas.

O aspecto mais interessante está nas respostas SCR dos dois grupos. No momento de revelar a carta de um baralho, ambos os grupos mostram aumento transitório da SCR, portanto, uma resposta do sistema nervoso autônomo às recompensas ou penalidades. Com o tempo, no entanto, nos sujeitos de controle essas mudanças têm início precoce. Isto é, enquanto esses sujeitos estão para escolher a carta do baralho mais arriscado, sua SCR aumenta intensamente. Ao contrário, na mesma situação, a SCR dos pacientes com lesões órbito-frontais não mostra qualquer mudança, isto é, não há evidências fisiológicas de que sua decisão seja mediada pela emoção.

Explorações da etologia

Embora a quantidade de noções acumuladas pelos pesquisadores sobre esse tema já seja significativa, ainda não está clara a natureza da relação entre as áreas frontais e límbicas. Pensemos na aversão à ambiguidade, isto é, aquela situação que a maioria das pessoas evita, na qual se ignoram os riscos de determinada decisão. Mesmo nesse caso, as neuroimagens mostram a ativação de uma parte da área límbica e de uma parte do córtex cerebral, como se as duas zonas estabelecessem um diálogo. Na realidade, a interpretação desses eventos é controversa. De um lado, há os que afirmam que a aversão à ambiguidade é gerada pelo medo. De outro, há os que consideram a ambiguidade um processo cognitivo de elaboração da informação como vários outros, baseado numa menor disponibilidade de informações. A consequência das duas posições muda a própria previsibilidade dos comportamentos. Efetivamente, se afirmamos que a reação do cérebro à ambiguidade tem base emocional, é difícil pensar que seja possível aprender a enfrentá-la. Mas se, ao contrário, ela tiver base cognitiva, isso significa que é possível acostumar-se lentamente à ambiguidade. Seja lá como for, as imagens de ressonância magnética não nos auxiliam a tirar as conclusões necessárias sobre comportamentos tão complexos.

Os pesquisadores não se limitaram a inferir dados e regularidades do comportamento a partir das imagens do cérebro em ação, mas começaram também a considerar alguns mecanismos químicos do cérebro: particularmente os da oxitocina, hormônio segregado pela neuro-hipófise durante as relações sexuais, o aleitamento e em outros casos associativos que implicam relação de confiança, que, como sabemos, é instância crucial também nas interações econômicas, desde a aquisição de uma casa até o investimento em um fundo de pensão. Fazendo alguns voluntários inalarem oxitocina, Ferh e colaboradores da Universidade de Zurique observaram que eles mostravam maior disposição para confiar a outra pessoa o próprio dinheiro. Naturalmente, esses experimentos devem ser interpretados com cautela, especialmente porque foram feitos em condições artificiais e em relação a tarefas cognitivas circunscritas, enquanto as situações que temos de enfrentar na realidade cotidiana são bem diferentes.

A neuroeconomia vai se enriquecendo progressivamente com contribuições que ultrapassam o somatório das evidências produzidas pelas neurociências ou pelas ciências econômicas. Contributos relevantes provêm da etologia. Pesquisas recentes mostram que a adoção de modelos animais como aqueles que usam macacos nos auxiliam bastante na compreensão das bases mais profundas de nossas escolhas. As evidências relatadas pelo grupo de Padoa Schioppa[26], um pesquisador da Universidade de Harvard, revelaram as áreas neurais das quais depende o valor que os primatas atribuem a objetos diferentes. Naturalmente, os valores em questão eram bagos de uva e pedaços de maçã. Os pesquisadores calcularam o valor que os macacos atribuem a determinados bens. Notaram, especialmente, que no cérebro do macaco solicitado a escolher entre duas bebidas – por exemplo, suco de maçã e suco de uva – ativavam-se grupos diferentes de neurônios do córtex órbito-frontal. É plausível pensar que esses dados correspondam ao valor que o macaco atribui ao suco de maçã e ao suco de uva. Ou seja, no ato da decisão o macaco compararia os valores representados por essas

---

26 Camillo Padoa-Schioppa, John A. Assad, "The representation of economic value in the orbitofrontal cortex is invariant for changes of menu". *Nature*. London: 2008, nº 441, vol. 11, pp. 223-226.

duas populações de neurônios. Há, no entanto, outros neurônios que representam o valor escolhido pelo macaco em absoluto, independentemente do suco. Por exemplo, se o valor do suco de maçã para o macaco era metade daquele do suco de uva, na hora de apanhar o suco de maçã a atividade desses neurônios estava pela metade.

Poderíamos nos perguntar: como é possível deduzir o valor que os macacos atribuem às coisas? E, mais que isso, que valor é esse? Na realidade, os pesquisadores se valeram de estudos anteriores sobre os primatas, nos quais o macaco escolhia, entre uma uva-passa e um pedaço de maçã, a primeira. Diferentemente, se lhe era oferecida uma uva-passa ou três ou quatro pedaços de maçã, o macaco, sem a menor hesitação, escolhia os quatro pedaços de maçã, fazendo prevalecer, portanto, a quantidade sobre a qualidade. Se, com a devida prudência, transferíssemos esses dados para o homem, poderíamos supor que os níveis correspondentes às áreas do cérebro e aos mecanismos neurais envolvidos nas escolhas econômicas não correspondem aos critérios convencionais da racionalidade. Naturalmente, permanece em aberto a pergunta sobre quais seriam os mecanismos psicológicos e, consequentemente, os mecanismos neurais na base dessas escolhas, embora muitos indícios sugiram um envolvimento da área órbito-frontal.

Níveis lógicos e lacunas

Apesar do auxílio dos poderosos métodos de mapeamento cerebral que fornecem dados e medições quantitativas dos processos decisórios, a neuroeconomia também está exposta a relevantes problemas metodológicos e epistemológicos. Se, por exemplo, consideramos a questão da sobreposição de dados e metodologias entre modelos econômicos e teorias psicológicas, parece claro que é precisamente a centralidade atribuída à "mensurabilidade" que induz a pesquisa neuroeconômica a reconsiderar os modelos econômicos tradicionais, segundo os quais todas as escolhas devem ser relacionadas a atores quantificáveis (ao menos idealmente) como preços, quantidade e probabilidade. Deriva daí o paradoxo – nada insignificante – que vê a neuroeconomia tender, mais que à descontinuidade, à proximidade com os principais paradigmas econômicos. De fato, se de um lado a neuroeconomia parece oferecer o suporte empírico que a economia clássica sempre considerou dispensável, de outro reconfirma os mesmos modelos econômicos como guia na exploração do funcionamento do cérebro e do comportamento das pessoas. Além disso, sobre suas pesquisas parecem pairar as mesmas objeções voltadas à psicologia: isto é, que seus modelos são descritivos e não quantitativos.

Então é preciso perguntar: se as teorias econômicas podem auxiliar as neurociências a preencher a lacuna explicativa entre a atividade cerebral e o comportamento em termos de moldura interpretativa e de significação, e se as neurociências cognitivas representam a nova abordagem metodológica da economia experimental, em que sentido a descoberta de padrões de ativação cerebral específicos pode guiar a criação de novas hipóteses econômicas?

Embora as fortes adoções de princípios e os pontos metodológicos problemáticos levantem dúvidas sobre a efetiva preditividade dos modelos empíricos propostos, os neuroeconomistas não parecem mostrar nenhuma preocupação quanto à adoção dos estudos de imageamento cerebral em economia, como mostram os trabalhos de Poeppel, Hardcastle e Stewart, Shallice[27], entre outros. Contudo, aqui temos em jogo aspectos nada irrelevantes: 1) o significado e a utilidade de experimentos em relação à pesquisa neuroeconômica; 2) a metodologia econômica e os modelos cognitivos que a fundamentam e, particularmente, a maneira como são integrados à pesquisa neurocientífica; 3) os critérios de interpretação dos dados de imageamento obtidos nesse tipo de experimento. Tudo isso é muito significativo em relação à efetiva integração das esferas do *Homo oeconomicus* e do *Homo neurobiologicus* para uma autêntica representação do agente real.

Esferas da decisão

O que poderia nos colocar a caminho de uma solução seria o filão de pesquisa econômica que se origina dos estudos de Herbert Simon e Friedrich

---

27 David Poeppel, "A critical review of PET studies of Phonological Processing", *Brain and Language* 55, 1996, pp. 317-351; V. G. Hardcastle & C. M. Stewart, "What Do Brain Data Really Show?". *Philosophy of Science*. Chicago: EDU, 2002; T. Shallice, *From Neuropsychology to Mental Structure*, Cambridge: Cambridge University Press, 1988.

Hayek, entre outros autores de diversos âmbitos. Esse programa de pesquisa de "economia cognitiva" surge de hipóteses psicologicamente fundamentadas sobre o comportamento humano e permite analisar os contextos excluídos das análises-padrão, pela impossibilidade de serem tratados do ponto de vista matemático. Diferentemente do racionalismo macroeconômico da concepção do *Homo oeconomicus*, esse direcionamento de pesquisa representa não só um progresso da neuroeconomia experimental, mas também um caminho fértil para uma epistemologia da psicologia econômica e até para uma neuroética fronteiriça.

Particularmente, com os conceitos de heurística e *bias*, a "psicologia da decisão" esclareceu como as estratégias, os modelos e os "atalhos cognitivos" aos quais as pessoas recorrem em suas avaliações e decisões estão expostos, sobretudo em contextos de velocidade e risco, a erros frequentes, que fazem pensar numa "regularidade do erro". Aliás, a percepção sensorial é extremamente complexa e, no que tange aos aspectos analisados com metodologias científicas, é marcada por estratagemas e erros análogos aos da atividade integrativa cognitiva superior.

Na ordem espontânea do conhecimento, a adoção semiconsciente de uma heurística permite decidir e agir rapidamente, sem recorrer a análises e mensurações complexas. Essa heurística diz respeito a muitos aspectos da vida comum e se fundamenta em eventos empíricos seriais (diretos ou indiretos) e funcionais com certa frequência. Todavia, embora funcional e necessária – pois permite poupar energia cognitiva (particularmente os recursos e o tempo à disposição) –, essa heurística frequentemente leva a mente a incorrer em determinados enganos ou *bias* de percepção e avaliação que podem tornar-se sistemáticos, com efeitos às vezes graves na esfera decisória. A heurística da disponibilidade (*availability heuristic*) faz com que se considere a frequência ou a probabilidade de um evento em relação à facilidade com a qual recordamos circunstâncias ou associações significativas. Essas circunstâncias e associações, que dizem respeito a eventos frequentes ou mais prováveis, habitualmente são mais fáceis de ser memorizadas, mais "disponíveis" na lembrança do que as que dizem respeito a eventos menos frequentes ou prováveis. Compreende-se então por que essa heurística apresenta a vantagem de uma rápida simplificação de avaliações e previsões, de outro modo bastante complexas. Mas precisamente essa extrema simplificação pode implicar um atalho mental que gera erros sistemáticos.

Para além da frequência e da probabilidade, a disponibilidade de um evento é condicionada por causas diferentes, como a "familiaridade", a "saliência emotiva" e a "distância temporal". Se essas condições forem satisfeitas, a disponibilidade cognitiva resulta muito elevada, mesmo quando frequências e probabilidades objetivas do evento forem muito reduzidas. A utilização desse procedimento, portanto, pode significar, de um lado, a superestimação da frequência ou da probabilidade de concretização de eventos não frequentes, mas clamorosos e emocionalmente impactantes, e, de outro, a subestimação da frequência dos eventos mais habituais, mas menos sensacionais e disponíveis.

Não raro nas escolhas econômicas, assim como nas decisões diárias, adota-se a heurística da ancoragem e do ajustamento: isto é, aquele tipo de esquema que orienta nossos cálculos com base numa referência inicial tácita, chamada "âncora". A partir daí realizamos os ajustes necessários para chegar ao julgamento final. Por exemplo, se uma pessoa tiver de fazer um julgamento sobre a capacidade, a timidez ou a inteligência de outra pessoa, utilizará como âncora para seu julgamento o próprio grau de preparo, timidez e inteligência; por conseguinte, o nível de referência da pessoa a julgar será super ou subestimado. Heurísticas desse tipo são utilizadas com certa frequência na economia diária – por exemplo, para a compra no supermercado, quando dentre tantos produtos parecidos acabamos escolhendo aquele cuja marca já conhecemos, acreditando ser a melhor.

Um condicionamento notável do processo de avaliação e de tomada de decisão, além disso, é representado pelo que Tversky e Kahneman[28] chamaram de efeito *framing*, isto é, o papel desempenhado pelo contexto da escolha e pela forma como os problemas decisórios são apresentados. Nesse sentido, o processo decisório poderia ser distinto numa fase de emolduração (enquadramento) e em outra de avaliação. Na primeira, examinamos preliminarmente o problema decisório, em que o agente "emoldura" as escolhas disponíveis, seus possíveis resultados e as probabilidades desses resultados com relação às opções consideradas. Essa emolduração é medida pela maneira como o problema decisório é prospectado e exposto, e, em seguida, por regras e hábitos do tomador de decisões. O objetivo essencial da emoldura-

---

28 Daniel Kahneman, Amos Tversky, (orgs.), *op. cit.*

ção é ordenar e expressar as opções alternativas para simplificar a avaliação sucessiva, isto é, a efetiva escolha decisória. Os resultados da pesquisa mostram a influência do *framing* no itinerário de avaliação e decisão das pessoas, pois frequentemente as mesmas perguntas ou assertivas expostas com expressões diferentes ou inversas geram respostas ou reações antitéticas. Como não pensar na maneira popular de falar sobre o copo meio cheio ou meio vazio?

Vínculos e possibilidades

Os primeiros resultados experimentais da neuroeconomia revelam aspectos inéditos acerca da complexidade dos decisores, desmentindo um dos postulados clássicos da ciência econômica: o interesse egoísta do *Homo oeconomicus*. De maneira mais geral, a descoberta do papel da psicologia na economia contribuiu para derrubar as pretensões de uma racionalidade positiva nas escolhas tanto micro quanto macroeconômicas. Naturalmente, na experimentação assim como na elaboração teórica, os resultados, os métodos e a abordagem da neuroeconomia podem confirmar ou contradizer a hegemonia da ciência econômica sobre a psicologia e as ciências sociais. Dependem dos caminhos que se percorrerão, das orientações epistemológicas, da competição entre os diversos programas de pesquisa, da apuração das pesquisas experimentais. Por exemplo, o princípio do eu racional perseguindo o próprio interesse, do mero *self-interest* material e individual, será considerado como um esquema interno à economia clássica ou como um risco na ótica da economia da concorrência e das novas abordagens?

Certamente não é implausível afirmar que o materialismo atomista do *self-interest* parece incompatível com as novas interações e experimentações de psicologia e economia, particularmente com a concepção do individualismo metodológico que coloca a realidade individual como unidade de observação da pesquisa econômica como um todo. Ao contrário, uma crítica unilateral do *self-interest* material levaria à reafirmação de uma sociedade holística, na qual, de fato, se nega o papel fundamental dos atores individuais, como consumidores e empresários.

Na realidade, interações disciplinares fecundas começam a se manifestar de forma difusa. Por exemplo, alguns pesquisadores, como Singer e Fehr[29], consideram que a teoria econômica tem se ocupado apenas marginalmente das conexões entre crenças e preferências. Trata-se, no entanto, de conexões profundas, que a neuroeconomia poderia aclarar com sua contribuição direcionada ao esclarecimento das relações complexas e flexíveis geradas na mente dos atores econômicos durante uma interação. Compreender essas dinâmicas é fundamental para reconhecer as microdeterminantes efetivas das escolhas e fundar, portanto, um novo tipo de análise econômica. A capacidade de "ler a mente" (*mind reading*) poderá obter vantagens consideráveis de uma interação positiva entre a teoria dos jogos e a teoria da mente (*theory of mind*). Essa interação está profundamente ligada ao problema clássico das relações entre mente e corpo, e, portanto, à relação existente entre eventos mentais e eventos físicos – problema muito discutido pela filosofia da mente e por disciplinas como a psicologia, a biologia, a fisiologia e, mais recentemente, as neurociências cognitivas.

Um elemento adicional e relevante do programa de pesquisa da neuroeconomia é a utilização do instrumento de cálculo das probabilidades para tratar decisões em situações de incerteza. Dependendo dos objetivos e das decisões que pessoas ou grupos assumem, é possível derivar seus correlatos neurobiológicos por meio de uma análise de cima para baixo, usando técnicas experimentais de laboratório como as neuroimagens. Naturalmente, para a precisa identificação de um objetivo são necessários uma avaliação prévia da utilidade de cada ação e, depois, o cálculo de sua probabilidade segundo determinados critérios. Paul Glimcher[30], um dos maiores expoentes da recém-nascida disciplina, afirma que, precisamente como em toda pesquisa científica, a "evidência empírica" que ela puder fornecer será o que legitimará a neuroeconomia.

Para além da dimensão exclusivamente científica, a pesquisa neuroeconômica também solicita aberturas em territórios epistemológicos e éticos, com repercussões no debate sobre a consciência e o livre-arbítrio.

---

29 Tania Singer, Ernest Fehr."The neuroeconomics of mind reading and empathy". *American Economic Review*. Pittsburgh, PA: 2005, nº 95.

30 Paul Glimcher. "Understanding dopamine and reinforcement learning: The dopamine reward prediction error hypothesis". *Proc Natl Acad Sci*. USA: 2011, 108 Suppl 3: 15647-15654.

Ao assumir a matemática probabilística como método de investigação da relação entre mente e cérebro, a neuroeconomia fornece uma visão muito diferente do livre-arbítrio. Aqui se questionam a previsibilidade e a determinabilidade de nossas decisões, o estado futuro do mundo e dos organismos que o habitam.

Em uma época marcada pela incerteza e pela escassa previsibilidade, o livre-arbítrio dos homens se torna uma questão tão problemática quanto crucial. Mas novas perguntas e novas explorações já batem às portas da ciência, designando espaços transdisciplinares muito além das interações da neuroeconomia e da neuroética.

Scientific American Brasil, 2007

O mito do Golem e os "erros" de Descartes

A concepção moderna do mundo foi regida por inteiro pela ideia de que as leis da natureza, fruto de conjecturas humanas, são a explicação dos fenômenos naturais. Não por acaso, muitas páginas de história da ciência relatam a tentativa de transformar o conhecimento derivado das evidências biológicas em sistemas racionais abstratos. Construções empíricas e teóricas como os *teatros da memória*, a *Ars Magna*, a *characteristica universalis*, a *máquina analítica* são apenas os exemplos mais conhecidos das inúmeras tentativas realizadas pelo homem, no curso dos séculos, de reconstituir a inteligência mediante sistemas mecânico-elétricos, de subdividir e atomizar as funções do cérebro, reconstituindo o pensamento mediante conjuntos de símbolos e regras ligados entre si por estruturas algorítmicas. A reprodução mecânica do pensamento, desde sempre, é o sonho inacabado da modernidade.

Na segunda metade do século XX, o projeto da inteligência artificial (IA) – a que se seguiu o advento da cibernética, da biônica, da robótica e das redes neurais – deixou vislumbrar a possibilidade concreta de construir máquinas pensantes virtuais. Em 1956, um grupo de estudiosos brilhantes cunhou o termo *artificial intelligence* visando, de um lado, utilizar as fortes potencialidades da "ciência dos computadores" e, de outro, subtrair o estudo da inteligência e das atividades mentais humanas do monopólio de filósofos, psicólogos e neurofisiologistas. Esse novo programa de pesquisa gerou muitas esperanças. Mas também muitas ilusões. O limite maior estava, sobretudo, na ambiguidade de suas acepções iniciais: a *inteligência artificial fraca*, segundo a qual a máquina processadora de dados consegue constituir um ótimo instrumento para o estudo da mente; a *inteligência artificial forte*, segundo a qual os computadores, oportunamente programados, podem ser identificados com as capacidades cognitivas do homem.

Foi fácil para o filósofo americano John R. Searle[31] observar que a característica mais atraente da IA forte – que distinguia nitidamente o programa de sua realização concreta – estava comprometida pela identificação entre simulacro e replicação. Searle significativamente escreveu que ninguém acreditaria que a simulação computacional de um incêndio fosse de fato um incêndio a queimar a vizinhança. Para o filósofo, a IA forte pode nos dizer muito pouco sobre as máquinas e, portanto, quase nada sobre o pensamento. Com efeito, por sua própria definição, ela tem a ver com os programas (*softwares*), e os programas não são máquinas (*hardwares*).

A inteligência artificial surge como uma árvore de muitas raízes (psicologia, filosofia, biologia, física, matemática, engenharia), num clima de grandes expectativas e, concomitantemente, de grandes incertezas. Em meados do século XX, eram muito poucas as evidências sobre a natureza do pensamento, da consciência, da inteligência. Além disso, embora sua filosofia seja totalmente inspirada no rigor e na racionalidade de Descartes, sobre este paira, ambivalente, a sombra da tradição golêmica. Assim, se a eletrônica e a informática representam as bases para suas aplicações práticas, a inteligência artificial solicita contínuas reflexões filosóficas e psicológicas sobre a estrutura e o funcionamento da mente, sobre a inteligência e o comportamento inteligente.

As primeiras formulações da inteligência artificial pressupunham uma mente explicável mediante instruções complexas e sequências algorítmicas igualmente complexas. Tratava-se, na essência, de uma mente abstrata e autônoma do corpo. Foi Turing, particularmente, quem insistiu no projeto de uma inteligência e, mais em geral, de uma mente sem corpo: em suma, de um *software* independente do *hardware*. Logo, no entanto, estávamos diante de um obstáculo inevitável: a não reprodutibilidade da linguagem humana. Esse obstáculo – decisivo em determinar o declínio do paradigma

---

31 John R. Searle, *Minds, brains and science*, Cambridge: Harvard University Press, 1984.

anterior – solicitou a mudança dos programas de pesquisa em direção às redes neurais (robustos mecanismos de retroação que simulam a atividade dos neurônios como elementos fortemente interligados entre si, que atuam em paralelo, e não em forma serial, conforme os modelos da IA simbólica).

O desenvolvimento tecnológico das máquinas em direção às redes neurais – mecanismos baseados no processo de aprendizado que interagem com o mundo exterior e que, além do *software*, reconsideram o *hardware* – levou à reavaliação do corpo como instrumento perceptivo primário. Além disso, o aumento exponencial das confirmações experimentais sobre a ligação entre fenômenos cerebrais e processos mentais alimentou a esperança de que se pudesse reproduzir o comportamento humano mediante máquinas computacionais controladas por sofisticados programas informáticos.

Ora, não há dúvida de que as tentativas de realizar máquinas desse gênero tiveram efeitos extraordinários sobre o crescimento tecnológico e a vida diária. Como tampouco há dúvida quanto à inevitabilidade de uma utilização cada vez maior das máquinas, quanto à necessidade de adaptar-nos a seus mecanismos e de atuarmos dentro de sua esfera lógica. E, no entanto, estabelecer simetrias entre as funções da mente e os procedimentos lógicos das máquinas parece implausível. Foi Norbert Wiener[32], num ensaio de 1964 – no qual colocava Deus, o homem e a máquina no centro de uma única atividade criadora universal e ilimitada –, a estabelecer uma nítida linha de demarcação. Ele considerava alguns aspectos da automação – que vão além de uma curiosidade legítima – perversos em si. O objetivo polêmico de Wiener é aquele conjunto indistinto de engenheiros e organizadores técnicos – que ele definia como "adoradores de dispositivos" – para os quais as máquinas logo reduzirão a necessidade de pensar. Ilusão esta que o grande matemático considera dramática, ainda mais se as decisões forem algum dia tomadas por uma máquina, à qual, com toda evidência, devemos colocar perguntas exatas, com antecedência e sem compreendermos bem as operações do processo pelo qual ela nos dará uma resposta.

Mas a questão é mais geral. O que é inadequado é a própria metáfora do homem como máquina viva, que fora concebida para dar uma resposta aos problemas que a própria inteligência artificial haveria de resolver. De tais questões John von Neumann estava bem consciente, ele que fundara o

---

32 Norbert Wiener, *Dio & Golem s.p.a.: Cibernetica e religione*, Torino: Bollati Boringhieri, 1991.

programa da inteligência artificial e que via perfeitamente a complexidade e os obstáculos implícitos numa descrição do comportamento humano reduzido a funções mecânicas. Não por acaso, Neumann sempre evitou toda analogia entre homem e máquinas, entre cérebro e computador. Limitou-se, antes, a considerar o sistema neuronal em termos matemáticos e informacionais, afirmando sempre que a lógica e a matemática do sistema nervoso, consideradas como formas de linguagem, têm de ter uma estrutura diferente das linguagens de nossa experiência comum.

Com sua abordagem complexa, Neumann não só favoreceu a revolução digital, mas também solicitou aos engenheiros abandonar a exclusiva melhora técnica dos computadores existentes e se ocupar, antes, dos fundamentos das questões lógicas. Exortação que logo foi aceita por muitos engenheiros, que levantaram críticas enérgicas ao programa da inteligência artificial.

Na realidade, à medida que a pesquisa sobre a inteligência artificial prossegue, o objetivo de formular uma explicação qualquer do fenômeno parece se distanciar. Os experimentos – tanto psicológicos quanto com os computadores – não só refutaram qualquer teoria proposta até então como revelaram seu simplismo. Por outro lado, problemas teóricos surpreendentemente próximos dos da inteligência artificial apareceram em outras disciplinas de fronteira da ciência contemporânea, como a teoria da evolução, a biologia molecular, a linguística. Isso nos leva a imaginar que em algum dia não muito distante poderá se abrir, no mundo científico, um novo cenário em que físicos colaborarão com os neurofisiologistas, psicólogos com informáticos, matemáticos com biólogos. Talvez então o cientista eclético – hoje considerado um exemplo de excentricidade, genialidade, mas em todo caso uma figura isolada – se tornará uma necessidade insubstituível. Hoje, no entanto, dominam a cena os titulares de saberes cada vez mais especializados e intransigentes, impermeáveis (e não raro hostis) à ideia de que o conhecimento humano vive de múltiplas dimensões, estabelecendo as próprias interações e as próprias hierarquias por meio de um jogo livre e espontâneo.

O desenvolvimento das ciências humanas demonstra que a invenção e a criação se valem de uma massa enorme de expressões informais do pensamento, de uma imponente e majestosa herança de conhecimentos. O determinismo da máquina viva não se limita, todavia, a uma reflexão sobre a relação entre homem e máquina, mas é parte de um aparato teórico mais amplo, que pretende demonstrar (ou fazer com que se acredite) que mesmo as funções superiores da mente humana – e, portanto, não apenas as funções físicas – são sujeitas a leis científicas exatas. Esse conceito não prevê (ou melhor, não elimina) o paradoxo maravilhoso da subjetividade humana que, num só tempo, é sujeito para o mundo e objeto no mundo.

Nas perspectivas mais intransigentes, como aquela do denominado *materialismo eliminativo*, segundo o qual os conteúdos e os estados mentais são plenamente redutíveis à esfera dos fenômenos físicos, tudo tem de ser objetivado e objetivável – até a subjetividade. Não se trata da natural e compreensível tendência à objetivação, comum a toda manifestação do pensamento humano, que busca identificar situações típicas, regularidade dos processos, analogias das situações. Essa pretensa objetividade aspira não só a representar, de forma absoluta e fora do tempo real, as regras que estão na base dos eventos, como, ao constituir-se como ciência, objetiva a construção de um saber permanente, invulnerável à passagem do tempo.

Apesar de os ideólogos da máquina viva pedirem para que abandonemos dúvidas e reservas em favor de uma fé absoluta nas leis universais do pensamento (por eles identificadas), a *mente não pode abrir mão de si própria*. A existência de leis, determinações e permanências no funcionamento da mente que prescindem de especificidades e temporalidades concretas ainda está para ser demonstrada. Foi justamente um neurocientista do calibre de Jean-Pierre Changeux, ao apresentar a própria versão do cérebro nos termos de uma máquina neuronal, a objetar – sem meias palavras –, aos que sustentam a ideia do cérebro como computador, que a comparação com o computador-máquina cibernética foi útil para introduzir a noção de código interno do comportamento; no entanto, tem a inconveniência de fazer implicitamente supor que o cérebro funcione como um computador. Segundo Changeux, trata-se de uma analogia enganosa.

Nos primórdios do século XX, com a tese sobre a necessidade da construção de uma ciência unificada com base na universalidade da linguagem lógico-matemática, o Círculo de Viena desempenhou papel decisivo ao lançar as sementes de um saber humano oniabrangente, sem distinções de abordagem metodológica, que acabou colocando a sociologia ao lado da química, a biologia ao lado da mecânica, a psicologia ao lado da física, e assim por diante. Esse *materialismo metodológico*, segundo a fórmula de Rudolf

Carnap[33] que, afinal, significa olhar para o mundo *como se* tivesse realidade puramente material, sem que tal assertiva ou crença implique algum juízo quanto à sua verdade –, tem um caráter ambíguo porque torna a propor um materialismo ontológico, dissimulado por um hábito metodologista.

Dessa perspectiva está excluída a esfera ética; exclusão, aliás, inevitável num esquema que pretende representar objetivamente os fenômenos subjetivos. Por exemplo, ao analisar as problemáticas sociais, econômicas e éticas, os partidários do materialismo metodológico excluem toda a referência aos conceitos de moral e de bem, afirmando que de modo algum devem ser assumidos sistemas e visões universais. Conta, no máximo, a análise lógica das consequências da adoção de certas normas morais e das decisões a que elas conduzem. A escolha entre uma ordem moral e outra é apenas questão de eficiência e otimalidade: que fique claro, apenas no plano quantitativo. Mas é evidente, então, se o que conta for isso, que o instrumento ideal é a matemática. Somente a matemática permite, de fato, uma ampla gama de técnicas de otimização, como nas análises do equilíbrio de mercado e dos jogos estratégicos.

Em geral, o materialismo metodológico pretende unificar todo o saber, objetivando os temas fundamentais do mundo e da vida. Acaba, no entanto, num beco sem saída, no qual o homem passa a ser identificado com a máquina. Ora, é evidente que o pensamento humano está indissoluvelmente ligado à linguagem, a qual, por sua vez, é uma consequência direta de uma forma de vida compartilhada: a vida humana, precisamente. Nenhuma máquina, pouco importa o quanto tenha sido habilmente planejada, jamais terá capacidade de compartilhar aquela forma de vida. Não é só. As expressões emocionais e afetivas são totalmente estranhas à máquina como tal e ainda mais o é a livre escolha subjetiva. Enfim, temos de responder à pergunta fundamental: é possível uma representação formal e satisfatória da intencionalidade? Questões desse tipo estavam na mente de Karl Popper[34] quando se perguntava se existiria alguma coisa que o computador não tinha. Sua resposta foi "a iniciativa". Desse modo, ele ressaltava o vício

---

33 Rudolf Carnap, *Der logische Aufbau der Welt*, Leipzig: Feliz Meiner Verlag, 1928; *The Logical Structure of the World & Pseudoproblems in Philosophy*, Berkeley: ucp, 1967; *La costruzione logica del mondo*, Milano: Fabbri, 1967.
34 Karl R. Popper, *The myth of the framework: In defence of science and rationality*, edited by Mark Amadeus Notturno, New York: Routledge, 1994.

profundo de autorreferencialidade e circularidade presente nas argumentações dos que descrevem a iniciativa em termos finitos, negando assim até a própria existência da iniciativa, já que a ideia e o sentido da iniciativa consistem na possibilidade de uma escolha aberta e não previsível *ex ante*.

A muitos ainda parece que a existência de máquinas excepcionalmente eficazes e sofisticadas seja a confirmação das intuições corretas de Descartes, que via simetrias perfeitas entre o mundo natural e o mundo das máquinas. Mas a pergunta que devemos nos fazer é: que autonomia, que autorregulações são possíveis na relação entre o homem e a máquina que já não sejam predeterminadas? A crescente atomização da experiência humana que a progressiva dependência das máquinas determina torna a propor a plena validade da famosa advertência de Husserl: "as meras ciências de fatos criam meros homens de fato"[35]. Ainda mais relevante, no entanto, é que nem mesmo as máquinas mais sofisticadas respondem, de modo algum, às exigências de reflexão, de elaboração, de interação dialógica sobre temas que permanecem no centro da existência humana.

Uma "mera ciência dos fatos" nada tem a dizer sobre tais questões, pelo simples motivo de que, para ser coerente com os próprios procedimentos internos, tem de separar-se do homem e dos problemas do sentido ou do não sentido da existência; do homem em seu comportamento diante do mundo circunstante; do homem e de sua liberdade de escolha; do homem como ser capaz de plasmar livremente a si próprio e ao mundo que o cerca; enfim, do homem como sujeito dessa liberdade.

Naturalmente, dessas considerações não deriva nenhuma avaliação negativa do papel das máquinas. Antes, alargando desmedidamente nossas possibilidades, elas nos permitem manipular imagens e sons: comandar muitos aparatos simultaneamente; controlar larga parte do ambiente que nos cerca; criar textos que respondam a nossos objetivos mais sofisticados. Mais que isso: o pleno reconhecimento de seu valor instrumental pode levar a resultados melhores se a singularidade do homem, sua esfera *subjetiva e espiritual*, não for aviltada.

À luz dessas ponderações, como é possível considerar as relações entre descoberta científica e ética, entre maquinismo e iniciativa humana? Ape-

---

35 Edmond Husserl, *La crisi delle scienze europee e la fenomenologia trascendentale*, Milano: Il Saggiatore, 1961, p. 35.

sar da profundidade e da fineza de suas reflexões, muitos filósofos – intérpretes de uma visão instrumental e tecnicista da ciência que se contrapõe de modo maniqueísta a uma perspectiva hermenêutica e ética do pensamento – concebem as ciências apenas como dispositivos oniscientes e de domínio da realidade. Essa postura tecnocientífica, afirmada desde o final do século XIX por uma epistemologia empirista e positivista que cortava toda ancoragem da filosofia à cultura e à existência, levou a uma cisão entre ciência e filosofia que, de um lado, condenou a última a uma transformação de estatuto e, de outro, neutralizou qualquer exigência autorreflexiva da ciência, tornando-a subalterna às tendências e aos poderes culturais, políticos e econômicos do momento. O famoso juízo de Heidegger[36] de que a ciência não pensa surge justamente por ele tomar conhecimento da cisão entre ciência e pensamento, entre o poder racional das tecnociências e as questões últimas da reflexão filosófica. Mas, se isso é verdade, que relação é possível, então, entre ciência e filosofia?

Até aqui, muitas verdades incondicionadas, e que pretenderam ser únicas, comprometeram a pesquisa sobre o sentido do ser e da natureza humana. Basta pensar nos tantos filósofos pós-kantianos – Hegel, por exemplo, que identificava o autodesenvolvimento do espírito com a história como advento do absoluto, Schelling e seu vitalismo, e outros mais – convencidos de que a vida se realizava no mundo material; na concepção romântica da obra de arte como *Bildung* do absoluto; na dialética da natureza e no materialismo histórico de Marx e Engels; no genealogismo de Nietzsche com a vida como força e vontade de poder. Essas filosofias – na realidade, verdadeiras narrativas genealógicas – pretenderam restaurar um ser metafísico perfeito, para além de qualquer conhecimento possível, desvalorizando a autonomia do sujeito e subordinando-a a uma origem e a uma dimensão míticas. Em sua perspectiva, a consciência nada mais é do que uma consciência refletora, e a autonomia, uma perfeita ilusão.

O que torna o ser plenamente válido, no entanto, é precisamente o conceito kantiano de autonomia, que funda uma autolegislação do sujeito com uma medida racional e ética própria. Naturalmente, entende-se aqui autonomia como valor elevado, exercício virtuoso, inerente à forma universal, não ao conteúdo mutável. Uma comunidade científica livre só pode ser uma

---

36   Martin Heidegger, "Che cosa significa pensare?", in: *Saggi e Discorsi*, Milano: Mursia, 1976.

sociedade de sujeitos autônomos, livres para exercer a iniciativa e responsáveis pelas consequências. É desse ponto de vista que o valor e a legitimidade filosófica de um humanismo científico podem dar vida a uma teoria que abrange uma natureza produtora de forma e de sentido. Se assim fosse, o veredito de Heidegger poderia ser revertido em "a ciência pensa sobre si mesma e sobre o mundo, e seu pensamento é 'forte'".

Nesse sentido, a racionalidade, o conhecimento e a ética podem tornar a ser compatíveis e interagir numa nova hierarquia de valores e métodos. A ciência e a técnica têm condições de ser a possibilidade de liberdade (não de libertação, que é uma perfeita utopia!), mas somente em âmbitos de sociedade e relações de consciências autônomas, autorreguladas por uma ética reconhecida e subscrita. Uma racionalidade científica pode evoluir somente à condição de renunciar a apresentar a própria ideologia, declarada ou latente, como resultado científico objetivo. Seria preciso convencer-se de que a ciência não se alimenta apenas de objetividade, mas também de metafísica e de mitos, ao menos em alguns de seus temas inspiradores. Para o grande matemático Federico Enriques, na metafísica está constantemente presente um sistema de imagens que, ao promover novas associações, pode tornar-se útil no desenvolvimento da ciência.

A atividade e as criações do pensamento nada têm a ver com a divisão artificial entre materialismo e espiritualismo, entre ciência e filosofia. Essa divisão, fundamentada em premissas puramente ideológicas, tem apenas o efeito de limitar a disseminação da ciência e de suas descobertas. Com efeito, ao reduzir o campo da racionalidade aos procedimentos das ciências exatas, não só as outras formas de saber são degradadas em servas do conhecimento científico, como se joga nas costas da ciência um peso que ela, sozinha, não tem condições de aguentar.

Em conclusão, se as meras ciências de fato criam meros homens de fato, as ciências que apresentam perguntas de sentido contribuem para o nascimento de homens livres. Na pior das hipóteses, tornarão mais claro que as exigências e as motivações do homem têm natureza própria, que dificilmente pode ser prevista ou controlada, e por isso toda visão negativa ou catastrofista não é plausível. O caminho para uma interação entre humanismo e racionalidade científica crítica e autocontrolada permanece aberto.

Mente & Cérebro, 2007

Esferas conscientes e inconscientes*

Quase todos nós concordamos que somos indivíduos livres para agir, responsáveis e, sobretudo, racionais. Indivíduos que, diante de um problema qualquer, analisam vantagens e desvantagens e por fim escolhem a melhor solução. Mas é isso mesmo? Isto é, escolhemos realmente determinada solução por ser mais racional? E quando nossas escolhas têm implicações morais, é a racionalidade ou a intuição que nos guia? E supondo que as decisões racionais se baseiem em princípios morais, elas provêm de lugares profundos de nosso cérebro ou do universo dos valores que nos cerca? Enfim, tem fundamento acreditar que elas sejam expressão da seleção natural e que só em um momento sucessivo tomam a forma de um julgamento moral organizado? Afinal, como acontecem realmente as coisas?

Na realidade, a questão não é se somos ou não livres (alguma liberdade temos, evidentemente), mas o quanto somos livres. Decerto, somos mais livres que uma marmota, que é mais livre que um jacaré, que, por sua vez, é mais livre que uma ameba. Além disso, o número de nossos comportamentos potenciais é incomparavelmente mais complexo que em todas as outras espécies animais, em função da sofisticação de nosso sistema nervoso. Assim, ao menos potencialmente, somos bastante livres, também graças

---

* Texto escrito com a colaboração de Silvia dell'Orco.

ao patrimônio genético que nos foi legado pela evolução genética, que criou organismos bastante complexos, alguns dos quais desenvolveram organizações sociais até sofisticadas. No que nos diz respeito, a existência de uma evolução cultural garantiu até aqui grande variedade de comportamentos possíveis e, portanto, certa liberdade. Mas, em que medida utilizamos essa liberdade? E até que ponto somos livres para ser o que somos, para agir neste preciso instante e nesta determinada circunstância?

Ações morais inconscientes

Ao longo dos séculos, a pesquisa sobre a moral empenhou algumas das mentes mais agudas de nossa civilização. Kant, por exemplo, considerava que nossas condutas morais são indiscutivelmente guiadas pela racionalidade. Hume, por sua vez, pensava que o que nos faz discernir entre o certo e o errado é uma sensação emotiva imediata. Já Bentham e Stuart Mill afirmavam que no fundamento da moral há um princípio utilitarista. Ora, se até não muito tempo atrás ideias como essas eram de fato infalsificáveis (no sentido popperiano do termo), hoje as coisas se modificam rapidamente. As neurociências estão lançando seus feixes de luz sobre o emaranhado mistério da moral. À moral, que é a mais humana de todas as coisas – e que não é nem biológica nem matemática, nem teológia nem metafísica – está ligado tudo o que se pode conhecer da mente e do corpo. Ainda que não seja suficiente evocar um imperativo biológico para justificar sua origem, sua naturalização pode abrir o caminho à compreensão do homem assim como ele é, e não como gostaríamos que fosse. Assim, às antigas questões da filosofia foram se acrescentando outras, tão complexas quanto aquelas. Por exemplo: se os códigos e as regras da moral são codificados no (e pelo) cérebro, o que foi feito do livre-arbítrio? Podemos ainda afirmar que somos livres, ou a liberdade não passa de mera ilusão? E mais: se a moral está codificada no cérebro, por que cada sociedade tem uma moral? E, antes disso, por que a moral existe?

É provável que a moral seja onipresente por cumprir funções necessárias à vida associativa dos homens. Seja ela determinada biológica ou culturalmente, a moral sempre é associada à sua função. Mas que função é essa? Poderíamos responder que em toda sociedade um vasto número de pessoas tem uma moral para agir "corretamente" – e talvez isso justificasse a ética como instituição universal. Mas se trata de uma descrição ética da função da ética, que deixa sem resposta a pergunta sobre sua origem. Seria necessária, antes, uma descrição naturalista da função da ética, uma explicação sobre o motivo pelo qual uma coisa, uma prática ou uma instituição desse tipo são universalmente presentes.

Até agora, a pesquisa teórica privilegiou largamente a ideia de que na base dos julgamentos morais estaria a racionalidade. Nos últimos anos, no entanto, as pesquisas experimentais colocaram em evidência que na origem da moral, além de fortes componentes emocionais e afetivos, há construções racionais *a posteriori*. A própria reavaliação dos componentes socioculturais na formação da moral deu nova dimensão ao papel do raciocínio. Desse modo, foram se delineando modelos alternativos ao paradigma racionalista tradicional que, em sintonia com as descobertas da psicobiologia e da psicologia evolutiva, da antropologia e da etologia, puseram as intuições no centro do debate científico sobre os juízos morais. Um número crescente de pesquisadores afirma que boa parte de nossa vida relacional deriva de experiências que se dão abaixo do patamar da consciência e que os problemas gerados pela pesquisa sobre o juízo moral têm afinidades relevantes com aqueles dos linguistas sobre o motivo de os seres humanos usarem a linguagem antes ainda de conhecerem a gramática. Assim, foi levantada a hipótese de que a espécie humana seria dotada de um senso inato do que é correto e do que é errado: uma espécie de gramática moral universal na base de nossos julgamentos, análoga à gramática linguística universal de Chomsky.

Um grupo de pesquisadores de Harvard tentou verificar a hipótese da existência dessa gramática moral utilizando material experimental – constituído por evidências clínicas de lesões, dados da evolução e da psicologia do desenvolvimento, testes neuropsicológicos – e mostrou que as pessoas elaboram julgamentos morais inconscientes muito antes das próprias reações emotivas. Em outras palavras, os juízos morais teriam origem em análises inconscientes das causas e dos efeitos de uma ação; só mais tarde sentimentos como a vergonha e a culpa se instaurariam. Ou seja, os seres humanos seriam dotados de uma mente intuitiva que lhes fornece uma gramática da ação, correspondente a um senso instintivo do que é moralmente certo ou errado. Isso implica uma nítida distinção entre as dinâmicas profundas do juízo moral (inacessíveis para a consciência), a ação guiada pela emoção e as justificações racionais *ex post*. A plausibilidade dessa hipótese é confirmada pelos quadros clínicos de pacientes com lesões do córtex pré-frontal, os quais, embora mantendo intacto o conhecimento das regras morais, se comportam de maneira anômala devido à incapacidade de sentir emoções congruentes. Essas pesquisas lançam luz sobre um sistema extremamente sofisticado, no qual as emoções desempenham papel crucial (embora não dominante) em ligar solidamente a moral ao funcionamento do organismo. Mais que isso: mostram que os motivos, bons ou ruins, que cada um invoca para justificar o próprio comportamento se originam no corpo.

Valores e lógica natural

Entre 1970 e 1980, com um famoso experimento, o neurofisiologista americano Benjamin Libet[37], pioneiro nas pesquisas sobre a consciência humana, demonstrou que uma ação voluntária é precedida por fenômenos elétricos cerebrais específicos, que se dão aproximadamente 500 milissegundos antes do início da ação. Em outras palavras, a consciência da intenção de agir chega de 350 a 400 milissegundos após a ativação elétrica que prepara a ação e 200 milissegundos antes da própria ação. A decisão voluntária, portanto, não seria consciente, embora seja sempre a consciência, mediante mecanismos sutis de facilitação ou inibição, a tornar possível uma ação. Em poucas palavras, a tarefa da consciência não é dar início à ação voluntária, mas decidir se a ação deve ou não ser realizada.

A sequência de início e controle das ações voluntárias é o resultado de uma colaboração entre múltiplas áreas motoras internas e externas ao córtex cerebral. Por si, elas não têm condições de planejar e executar um movimento, mas de colaborar, necessariamente, com os gânglios da base, o cerebelo e outras estruturas subcorticais próximas do sistema límbico, que estão fora do controle da consciência. Também a memória emocional, que não tem relações diretas com a consciência, desempenha um papel de grande importância ao programar e realizar a ação. Entre o início e a realização da ação pode até se passar muito tempo: o tempo da consciência, que corresponde à ativação do córtex frontal.

---

37 Benjamin Libet. "Unconscious cerebral initiative and the role of conscious will in voluntary action". *Behavioral and Brain Sciences*. Cambridge University Press: 1985, vol. 8/4, pp. 529-539.

É evidente que pesquisas como essas deslocam o debate sobre a natureza da moral para muito além da reflexão kantiana sobre a liberdade. Os conhecimentos científicos atuais mostram que um indivíduo avalia e decide com o uso de toda a área que o cérebro, no curso da evolução, selecionou para controlar a ação. Nessa atividade, outras faculdades colaboram com a consciência (mas fora de seu controle), como aliás Freud intuíra há mais de um século, ao falar da vida consciente como de uma superestrutura erigida sobre uma quantidade enorme de forças inconscientes e conflituosas.

A ativação de algumas áreas corticais, subjetivamente experimentada como capacidade de juízo, leva o indivíduo a decidir quanto às opções que tem diante de si. Sua decisão de empreender ou não uma ação é influenciada pelo fato de as áreas cerebrais onde está situada a memória emocional, acumulada ao longo de sua experiência individual, lhe enviarem sinais positivos ou negativos. Em um indivíduo que não apresenta desordens psiquiátricas, tanto a avaliação racional quanto a emotiva são experimentadas como capacidades pessoais, algumas delas sob controle consciente, outras sob controle indireto (Maldonato e Dell'Orco, 2010). Nesse sentido, nossa identidade é específica não só porque pensamos autonomamente, mas também porque temos uma capacidade perceptiva que se formou em um longo caminho evolutivo: uma capacidade, especificamente humana, sobre a qual temos um controle consciente parcial.

Entre os pesquisadores, ganha cada vez mais espaço a ideia de que nosso comportamento adaptativo é influenciado por sistemas de valor biologicamente determinados, que regulam a experiência devido à seleção natural. Cada um deles tem correlação, conforme as circunstâncias, com um neurotransmissor: a dopamina, presente nos gânglios da base e no tronco encefálico, que age como sistema de recompensa na aprendizagem; a serotonina, que regula o humor e outras funções como o sono, a fome, a sexualidade; a acetilcolina, que modifica os patamares no estado de vigília e de sono, e assim por diante. Nosso episódio ontogenético e filogenético coloca à nossa disposição repertórios e critérios de escolha "memorizados" nas emoções, sem o que não só nossa vida teria baixa qualidade, como nossa própria sobrevivência estaria em risco.

Emoções e heurísticas – elementos essenciais de nossa *lógica natural* – nos fornecem indicações relevantes sobre a oportunidade de nossa conduta em determinadas circunstâncias, revelando-nos mais rapidamente que um raciocínio o que podemos desejar e temer, entre outras situações. Como observamos anteriormente, lesões das áreas pré-frontais, mesmo quando não atacam as faculdades racionais, tornam as escolhas totalmente incongruentes. Os estudos sobre o funcionamento da memória nos permitiram compreender de que maneiras nossa sensibilidade se vale, de forma criativa, da experiência memorizada para o enfrentamento de situações novas, utilizando tanto a bagagem de experiência acumulada pela espécie quanto aquela guardada pelo indivíduo. É justamente a memória sensorial – em que a experiência pessoal, interpessoal e nossa natureza estão inextrincavelmente ligadas – a constituir a base material de nossa identidade pessoal.

É preciso, no entanto, perguntar: podem as emoções, as heurísticas e os juízos intuitivos constituir os fundamentos universais para a edificação de uma moral válida para todos os seres humanos? Evidentemente, não. Temos, por assim dizer, outros instrumentos (o pensamento, a linguagem, a cultura) que nos permitem agir com perícia entre os vínculos da necessidade e as possibilidades da liberdade.

Ação antes da decisão

Por volta de meados de 1960, Hans Helmut Kornhuber e Lüder Deecke (1965) descobriram que o início de uma ação voluntária se deve à ativação de três áreas distintas do lobo frontal: 1) o córtex órbito-frontal, envolvido na elaboração intencional; 2) o córtex frontal lateral, envolvido no planejamento do movimento; 3) o córtex frontal mediano e a área motora suplementar, envolvidos na temporização do movimento. Essa descoberta resultou de uma série de experimentos voltados para identificar a relação entre a intenção consciente (a vontade do sujeito) de realizar determinados movimentos e a ativação de grupos neurais específicos, assinalada por potenciais elétricos medidos com eletrodos colocados sobre o crânio (definidos como potenciais de preparação).

Alguns anos mais tarde, desenvolvendo pesquisas sobre potenciais pré-motores corticais lentos, Libet descobriu que estímulos de duração inferior a cerca de meio segundo provocam reações neurofisiológicas inconscientes. Em outras palavras, antes de ter consciência da intenção de realizar um movimento qualquer, nosso cérebro já teria ativado os processos neurais para a realização do próprio movimento. Isto é, o início da ação se desdobraria muito antes de termos consciência disso, mantendo-se desse modo por cerca de 350 a 400 milissegundos. Então, entre o ato motor e a consciência da intenção de agir haveria apenas um intervalo de 150 a 200 milissegundos, durante o qual o cérebro codifica o programa das ações musculoesqueléticas e sua passagem para a ação.

As pesquisas realizadas no período de cinquenta anos confirmam a existência de um intervalo significativo entre a consciência da decisão e a ação voluntária. Esquematizando, há: atividade consciente abaixo do patamar de consciência de localização cerebral, típica dos esquemas motores; atividades mentais não conscientes, como as da comunicação subliminar; atividades conscientes, como as racionais.

Se essa distinção for plausível, é possível que os eventos mentais tenham início não consciente, que a consciência apareça apenas na presença de atividades cerebrais apropriadas e suficientemente longas e, por fim, que as respostas comportamentais e motoras a sinais sensoriais precedam a consciência. Um argumento eficaz a favor dessa hipótese é a prática de diversas disciplinas – por exemplo, a dança e as artes marciais – em que uma elaboração cognitiva desaceleraria as funções motoras executivas, acarretando uma execução técnica inadequada. Determinadas habilidades, uma vez aprendidas, tornam-se automáticas. Pensar no que estamos fazendo torna a introduzir um controle cognitivo das funções executivas que tolhe rapidez e dinamismo à ação.

Decisões inibidas

Se é verdade que um sujeito tem cerca de 200 milissegundos para se tornar consciente da intenção de agir, o que acontece no caso da inibição do movimento? Evidências experimentais consolidadas sobre o chamado "veto consciente" mostram não só que ativar e depois inibir um movimento em um instante preestabelecido implica a realização de uma ação programada e não espontânea, mas também que a inibição do movimento não é acompanhada por um segundo potencial de preparação. Isso significa que, embora não seja o livre juízo a iniciar uma ação voluntária, ele, de todo modo, controla sua execução. Em outras palavras, se a intenção de agir está fora do controle consciente, sua transformação em um ato motor é influenciada pelo controle da consciência.

O que é, então, um veto consciente: uma expressão inconsciente do livre-arbítrio ou o efeito de um juízo racional distinto de seus correlatos biológicos? Se o veto é antecipado por um potencial de preparação, então não exercemos nenhum poder sobre nossas ações; na melhor das hipóteses, podemos tomar ciência de que nossas funções executivas agem em lugar de nossas decisões. Nesse sentido, o fato de que um evento abaixo do patamar da consciência dê origem a uma ação e, ao mesmo tempo, à sua supressão, tem por consequência a negação do livre-arbítrio, do qual, ao contrário, descende a responsabilidade de nossas escolhas. De fato, se elas são determinadas por mecanismos cerebrais, é difícil concluir que o homem é livre e responsável pelas próprias ações e, portanto, nosso conceito de moral deveria ser totalmente questionado.

Em contraposição, se o livre-arbítrio não se expressa no veto consciente, o veto representa, ainda assim, um sinal de deliberação, de poder residual sobre nosso comportamento. Nesse ponto estamos além da ideia positiva de livre-arbítrio, isto é, a possibilidade deliberada de cumprir uma ação. De fato, a antecipação neural, ao negar a origem decisória na intenção, exclui a liberdade como tal. Deriva daí uma noção negativa do livre-arbítrio, porque a vontade de executar um movimento é antecipada e "governada" por esquemas motores que precedem a consciência.

O que leva de volta a atenção para o *self* como agente causal dos eventos da consciência são os trabalhos sobre os tempos de reação de Patrick Haggard e colaboradores[38]. Em seu projeto experimental, a intenção, a programação, a execução do movimento e a previsão de suas consequências sensoriais foram dispostas numa sequência congruente com a atividade cerebral. Utilizando um dispositivo em forma de relógio e registros verbais em que o sujeito devia relatar o início da experiência consciente, os pesquisadores observaram quatro categorias de eventos: um ato voluntário (o sujeito tinha de apertar um botão, relatando o tempo de execução); uma contração induzida por estímulo magnético transcraniano (o sujeito tinha de relatar o tempo em que se dava uma contração involuntária); um fenô-

---

38 Patrick Haggard, Sam Clark, Jeri Kalogeras, "Voluntary action and conscious awareness". *Nature Neuroscience*. USA: 2002, vol. 5/4, pp. 382-385.

meno sensitivo induzido artificialmente (o sujeito tinha de relatar o tempo de uma sensação auditiva gerado pelo estímulo magnético transcraniano); e um fenômeno sensitivo induzido naturalmente (o sujeito tinha de relatar o tempo em que se dava uma sensação auditiva normal).

Numa segunda série de experimentos, os mesmos eventos deveriam estar correlacionados com a percepção subjetiva do intervalo transcorrido entre o próprio evento e um estímulo sonoro ministrado 250 milissegundos depois. Os resultados desses experimentos mostraram que a percepção do tempo é modificada pelo tipo de evento. No caso das ações voluntárias, a consciência do ato motor era retardada, enquanto a do evento sonoro correlacionado era antecipada, com o efeito final de uma aproximação dos dois eventos. Diversamente, uma contração induzida dava lugar a um efeito contrário, com relação ao qual o evento sonoro correlacionado era percebido com atraso. Segundo Haggard, trata-se de um *active binding process*, em que os elementos isolados de consciência, derivando de um evento sensório-motor, são ativamente ligados para a constituição de uma experiência consciente coerente. Ela daria lugar, sucessivamente e com diferentes processos mentais, a eventos correlacionáveis às determinações do agente com respeito a eventos impostos a ele por agentes externos. No caso de eventos sensoriais simples, essas distorções temporais não se davam. Evidências desse tipo mostram que, de um lado, nosso cérebro constrói em parte a realidade e, de outro, a consciência sustenta o *self* como ator (não raro arbitrário) da percepção temporal – não só do tempo macroscópico dos eventos, mas também dos tempos locais da ação e da sensação.

Scientific American Brasil, 2010

Na linha do mistério: consciência de si e consciência do mundo

Embora nas últimas décadas as neurociências tenham lançado luz sobre alguns dos mecanismos essenciais do funcionamento do cérebro humano – da memória à percepção, da linguagem às emoções –, pouco esclareceram a respeito do fenômeno da consciência. O modo como determinados processos fisioquímicos podem dar origem, no âmbito dos neurônios, a experiências como alegria, dor, dúvida, fé, desejo e felicidade permanece um mistério.

Além do risco (sempre iminente) de incorrer em temíveis aporias, poderíamos definir a consciência (que é sempre consciência de alguma coisa) como a síntese espaçotemporal da experiência subjetiva: em suma, a condição essencial dos processos psíquicos. Essa definição, no entanto, não é válida para todas as culturas. Nas línguas africanas, por exemplo, não há um termo que se aproxime do conceito ocidental de consciência; nas culturas indianas, esse termo indica uma minúscula qualidade individual diante do onisciente; na civilização islâmica, assinala o conhecimento do que é íntimo, inapropriável, inacessível (Callieri[39]). Os significados do termo consciência, portanto, são diferentes e inúmeros.

Há mais de um século, a psicologia científica, com o trabalho de gerações de pesquisadores, tenta solucionar essa matéria fascinante e controversa.

---

39 Bruno Callieri, *Quando vince l'ombra. Problemi di psicopatologia clinica*, Roma: Città Nuova, 1982.

Entre a segunda metade do século XIX e os primeiros anos do século XX, as pesquisas de Wilhelm Wundt, William James e outros resultaram, na Europa e nos Estados Unidos, no nascimento dos estudos sobre a consciência, que na época pertencia à esfera da anatomofisiologia cerebral e que hoje poderíamos identificar, com boa aproximação, com a área das neurociências.

Por vários motivos, até quase toda a primeira metade do século XX os programas de pesquisa sobre a consciência foram ofuscados pelo behaviorismo, o paradigma que tinha exclusividade de estudo sobre o comportamento. Para os que sustentam essa corrente de pesquisa, a psicologia deve limitar-se ao que é observável. O que a isso não corresponde pode ser considerado expressão da denominada caixa-preta. Fundado por John B. Watson, o behaviorismo – cujo expoente mais conhecido é Burrhus Frederic Skinner – estuda as leis do aprendizado e os relativos comportamentos conforme o princípio estímulo-resposta. Esse programa de pesquisa predominou durante muito tempo nas psicologias americana e europeia.

Revolução cognitiva

Entre as décadas de 1950 e 1960, com as incertas bases epistemológicas de um paradigma que não consegue estabelecer invariáveis ou regularidades da mente ao deduzi-las apenas do comportamento, nem tampouco explicar aspectos essenciais da vida de relação humana e animal, surge a revolução cognitiva. Embora dividida em tendências e orientações diferentes, como a computacional e a conexionista, enseja o nascimento das *ciências cognitivas*, cujo objeto de estudo são os conteúdos cognitivos (Jackendorff[40]). A ideia fundadora do *cognitivismo* é que o modelo behaviorista não tem como dar conta da complexidade dos processos mentais. Para desvendar o funcionamento da mente, é preciso considerá-la como um sistema de elaboração e processamento da informação (*human information processing*).

Nos Estados Unidos e na Europa, o impacto das ciências cognitivas foi forte a ponto de ofuscar as pesquisas sobre a consciência, considerada mais como dilema filosófico que objeto de indagação científica. Logo um modelo da mente como *global workspace* (Baars[41], 1996) foi ganhando espaço: seria uma

---

40 Ray Jackendorff, *Consciousness and the computational mind*, Cambridge: MIT Press, 1987.
41 Bernard J. Baars, *In the theater of consciousness: The workspace of the mind*, New York: Oxford UP, 1996.

espécie de triagem central das informações, em que é possível estudar o nascimento de uma percepção, o funcionamento da memória, os mecanismos de uma emoção e muito mais. Além disso, as pesquisas em neurociências – que começavam a valer-se de novas técnicas de observação das estruturas e das funções do cérebro – possibilitaram não apenas levantar a hipótese de correlações entre comportamentos observados e eventos mentais, mas estabelecer padrões específicos da estrutura das funções cerebrais (Kosslyn[42]). As novas técnicas de imageamento cerebral como a ressonância magnética funcional (FMRI, na sigla em inglês), a tomografia por emissão de pósitrons (PET, na sigla em inglês) etc. –, que fazem uma reconstrução tridimensional do cérebro do paciente vivo, permitem hoje a análise de lesões, enquanto a observação comportamental ou cognitiva está em andamento (Pcton & Stuss[43]).

A PROVA DA VIVÊNCIA

Apesar dos espantosos progressos rumo a uma *física das representações da mente* (Edelman, 1989) e das tentativas de preencher a distância entre neurônio e pensamento, a pergunta ainda está aberta: o modelo neuronal tem condições de resistir à prova da vivência? É justo duvidar. Inúmeras evidências acumuladas pelas neurociências, de fato, deixam enormes lacunas. A ponto de sugerir que ainda estamos muito distantes da compreensão do aspecto fundamental da vida do homem: a vivência. Com efeito, mais que estabelecer suas bases, os correlatos neuronais ou um improvável centro, a verdadeira aposta do estudo da consciência é compreender o que torna possível esse fenômeno único no universo, o que seria, afinal, compreender o significado de ter uma experiência ou uma vivência (Nagel[44]).

Mas o que é uma vivência? E que relações tem com a consciência? Da tradição fenomenológica, a vivência – ou seja, a experiência imediata e primária do mundo dos significados, própria do indivíduo em sua unicidade – representa o ponto crucial. Na medida em que é experiência original, está

---

42 Stephen Michael Kosslyn, *Image and brain: The resolution of the imagery debate*, Cambridge: MIT Press, 1994.
43 Terence W. Picton, D. T. Stuss, "Neurobiology of conscious experience", *Current Opinion in Neurobiology*. Philadelphia: 1994, pp. 256-265.
44 Thomas Nagel, *The view from nowhere*, Oxford: Oxford University Press, 1986.

sujeita às categorias do pensamento consciente e às *operações ocultas* da consciência intencional (Husserl[45]). Suas características fundamentais são as de uma estrutura de sentido aberto: histórica, transitória, nada unitária.

Com um gesto teoricamente brilhante – que ultrapassa a dicotomia freudiana entre consciente e inconsciente –, Merleau-Ponty[46] distingue *intencionalidade da consciência perceptiva* (ativa) e *intencionalidade da consciência intelectual* (puramente reflexiva). Essa representação da experiência consciente se afasta sensivelmente daquela de conteúdo mental concebida na *philosophy of mind* de tradição anglo-americana (Dennett[47]; Searle[48]), em que o "mental" é incapaz de olhar e explorar a si mesmo.

Essa posição trai secretas solidariedades com o subjetivismo (e o solipsismo) daqueles filósofos que pensam que a consciência só existe em nossa cabeça e que a vivência é lógica e empiricamente irredutível a uma função neuronal.

Mas a consciência não está na cabeça (Varela[49]). Talvez seja, isso sim, a condição de possibilidade desta. Ou seja, a consciência vive na relação com o corpo e com o mundo. O cérebro (o *tear encantado*, como poeticamente o definia o grande neurofisiologista Charles Sherrington) integra e coordena as atividades sensoriais e motoras, a fisiologia da vida vegetativa e assim por diante. Esse esquema incorpora de modo completo e simultâneo fatores e fenômenos essenciais, internos e externos (o cérebro à musculatura, ao aparelho esquelético, ao intestino, ao sistema imunológico, aos sistemas hormonais), numa relação que faz de nossa mente um ponto de conexão entre o ambiente exterior e o interior (Varela[50]). Além disso, se recusarmos a ideia da racionalidade como princípio fundamental da mente – ou seja, da existência de uma relação do tipo recipiente/conteúdo que faz do psiquismo um lugar e da mente um recipiente com alguns conteúdos –, fica evidente que a consciência não é um lugar fechado. Portanto, não deveríamos mais

---

[45] Edmund Husserl. *Recherches pour la phénoménologie et la théorie de la connaissance*. Première partie, Recherches I et II. Trad. par Hubert Élie, Lothar Kelkel & René Schérer, Paris: PUF, 1961, p. 284.
[46] Maurice Merleau-Ponty, *The primacy of perception: And other essays on phenomenological psychology*, the philosophy of art, history and politics, USA: Northwestern University Press, 1964.
[47] Daniel Dennett, *Consciousness explained*, Boston: Little, Brown & Co., 1991.
[48] John Searle, *The mystery of consciousness*, New York: New York Review, 1997.
[49] Evan Thompson, Francisco Varela, *Why the mind is not in the head*, Cambridge: Harvard University Press, 1996.
[50] Francisco Varela, "Organism: A meshwork of selfless selves", in: Tauber (ed.) *Organism and the Origin of Self*, Dordrecht: Kluwer, 1991, pp. 79-107.

nos perguntar como alguma coisa entre ali vinda de fora, mas de que modo a consciência se abre ao mundo exterior entre o si e o fora de si, dado que ela, *desde sempre, está do lado de fora de si própria* (Changeux e Ricoeur[51]).

SINTONIA COM O AMBIENTE

A consciência está em forte sintonia com o ambiente, como evidenciam determinadas deformações induzidas por elementos externos (como substâncias psicotrópicas) ou a modificação voluntária de nosso estado de consciência, independentemente da situação em que nos encontramos (recolhendo-nos e concentrando-nos, como na meditação transcendental, por exemplo). E mais. É até mesmo possível admitir tanto a atitude espontânea de transformação da consciência quanto a capacidade de passar "espontaneamente" de um estágio a outro não condicionado pelo ambiente. Isso torna ainda mais plausível a ideia de que uma larga parte de sua base seja pré-reflexiva, não conceitual, precognitiva, afetiva.

Portanto, haveria fundamento na afirmação de que a "consciência se inicia como um sentimento" (Damásio[52]). Não no sentido de alguma coisa claramente perceptível – assim como qualquer percepção (visual, auditiva, olfativa, gustativa ou tátil) –, mas como uma expressão concomitantemente poderosa e elusiva, inconfundível e vaga, que se revela por meio de sinais não verbais do corpo, solicitados pelas regiões cerebrais que, em sua maioria, se situam nos núcleos subcorticais do tronco encefálico, do hipotálamo, do prosencéfalo basal e da amígdala (Crick[53]). As bases neuronais de tais dinâmicas, de fato, estão em intensa relação de coimplicação com as mudanças biológicas ligadas ao estado corpóreo e ao estado cognitivo. Esse território sustenta uma tonalidade emocional mutável, que se transforma em categorias, elementos distintos e sequências de raciocínio: em resumo, nas clássicas unidades descritivas da mente (James[54]).

---

51 Jean-Pierre Changeux, Paul Ricoeur, *Ce qui nous fait penser: La nature et la règle*, Paris: Odile Jacob, 1998.
52 António Damásio, *The feeling of what happens: Body and emotion in the making of consciousness*, New York: Harcourt Brace, 1999.
53 Francis Crick, *The astonishing hypothesis: Scientific search for the soul*, New York: Charles Scribner's Sons, 1994.
54 William James, *The will to believe*, London: Longmans Green, 1908.

No entanto, há que se perguntar que espaço de investigação e reflexão haveria para uma *fenomenologia da consciência* que não correspondesse à tentativa de *naturalização* (Dretske[55]) ou de *subjetivação* (McIntyre[56]), que coloca a intencionalidade na consciência. Aqui é evidente a exigência de uma postura epistemológica e de um método que investigue os nexos conceituais e as estruturas de conexão entre dois âmbitos aparentemente irredutíveis entre si. O ponto fundamental, em outros termos, é o de uma nova aliança entre o fenomenológico e o biológico que se alimente de desafios, de diálogos e até mesmo de tensões, num horizonte de reciprocidade entre conhecimento científico e conhecimento fenomenológico da mente. Dessa forma, os dados imediatos da experiência e os modelos neuronais – ambos submetidos a rigorosas validações – podem tornar-se elementos de um discurso comum sobre as regularidades da experiência humana.

De modo esquemático, poderíamos retomar a discussão de três esferas da consciência essenciais e de interesse comum: a *atenção*, a *estrutura temporal da consciência*, o *campo da consciência*.

A atenção pode ser entendida, em geral, como a base do mecanismo consciente (Posner[57]). Os estudos de imageamento cerebral identificaram redes neuronais que podem representar plausivelmente o substrato de funções essenciais para uma distinção entre eventos cognitivos conscientes e inconscientes. Essas evidências indicam que os mecanismos da atenção se constituem em uma sequência distinta de processos mentais, não localizáveis nem em poucos neurônios nem em um conjunto neurofuncional do cérebro. Desse ponto de vista, a atenção representaria um aspecto essencial da consciência, ou seja, da capacidade de voltar a consciência para determinado estímulo, objeto, fonte perceptiva. Esse conceito remete, muito de perto, ao da intencionalidade (Brentano[58]), segundo o qual a consciência sempre se dirige para alguma coisa.

Como James, Wundt e Ribot já haviam intuído, a atenção é o indicador da unidade funcional na coordenação geral da vida de relação. Ou seja, ela

---

55 Fred Dretske, *Naturalizing the mind*, Cambridge, MIT Press/A Bradford Book, 1995.
56 Ronald McIntyre, "Husserl and the representational theory of mind". *Springer*. New York: 1986, vol. 5, Issue 2, pp. 101-113.
57 Michael Posner, "Attention: the mechanism of consciousness". *Proc. National Acad of Sciences*. USA: 1994, 91(16), pp. 7398-7402.
58 Franz Brentano, *Psychologie vom empirischen Standpunkt*, 3, Hamburg: Felix Meiner Verlag, 1874.

expressa uma orientação de atividade, que implica fenômenos de ativação e inibição sistemáticos, em diversos níveis neuronais. Altos níveis de atenção exigem graus elevados de integração: ou seja, de unificação e individualização da atividade. Isso significa que a atenção, como atividade geral e formal, não existe: ela só existe como formação constante da consciência, direcionamento consciente rumo a alguma coisa (Merleau-Ponty[59]).

A *estrutura temporal da consciência* é a expressão de uma integração cerebral difundida e extremamente complexa, embora os neurocientistas cognitivos insistam em considerar de interesse predominante o diferencial diacrônico entre um evento neural e um evento cognitivo. A consciência, de fato, é a vivência, aqui e agora, de cada acontecimento, o campo de presença que contém o tempo e integra pulsões, emoções e instintos numa estrutura temporal que exige a constante presença do sujeito (McInerney[60]). Em plena atividade e num estado normal de vigília, a consciência é um processo de mudança perpétua de perspectivas, que supõe uma estrutura facultativa e uma disponibilidade do sujeito e que implicam uma dinâmica vertical de campo temporalmente determinada (Merleau-Ponty[61]). Nesse sentido, pode-se falar de um estado normal de vigília, ou seja, de um estado de clareza entre o sono e a hipervigília, que favorece a possibilidade especificamente humana de encetar um diálogo consigo mesmo numa perfeita consciência situacional e/ou, também, numa percepção crítica da própria doença.

Nesse aspecto, revela-se expressamente importante o estudo clínico dos distúrbios da consciência nos pacientes amnésicos, nos quais a alteração da estrutura temporal da consciência – a memória e a orientação, entre outros – corresponde à desestruturação de áreas cerebrais definidas.

Na tradição fenomenológica, o *campo da consciência* é conceituado e articulado na distinção entre um centro e uma margem (Mangan[62]). Em seu significado e suas dimensões, trata-se de uma estrutura momentânea, transitória, sincrônica, que permite o emergir e o constituir-se da consciência a partir de uma protoexperiência que brota da tensão entre a pulsão e o obje-

---

59 Maurice Merleau-Ponty, *La phénoménologie de la perception*, Paris: NRF, Gallimard, 1945.
60 Peter McInerney, *Time and experience*, Philadelphia: Temple University Press, 1991.
61 Maurice Merleau-Ponty, *The primacy of perception: And other essays on phenomenological psychology, the philosophy of art, history and politics*, USA: Northwestern University Press, 1964.
62 Bruce Mangan, "Taking phenomenology seriously: The 'fringe' and its implication for cognitive research". *Consciousness and Cognition*. Philadelphia: 1993, vol. 2, pp. 89-108.

to. É desse modo que o sujeito se abre para o mundo com uma orientação e um significado que marcam essa relação intencional.

A essa consciência constituída – que afinal é a estrutura que invariavelmente dá forma à relação do eu com o mundo – corresponde uma tripla estratificação funcional: a) a possibilidade de abrir-se para o mundo e nele orientar-se; b) a capacidade de distribuir o espaço vivenciado conforme o que pertence ao sujeito ou ao mundo dos objetos; c) a faculdade de deter (e preencher) o tempo como *espaço de tempo* que constitui o presente. Essa faculdade deve ser entendida como intencionalidade consciente que permite explicitar histórica, axiológica e verbalmente os acontecimentos e o sentido de sua pessoa, como ser problemático em (e mediante) sua própria vida.

Ora, se é verdade que a consciência pode estabelecer um diálogo consigo própria e ter acesso à autonomia de sua organização em sua relação com o corpo vivenciado, ainda assim não devemos confundir o ser consciente com seu campo de consciência (Spiegelberg[63]). A modalidade do ser consciente, com efeito, decerto se articula com a estrutura fundamental do campo da consciência, mas a excede bastante. Trata-se, portanto, de estudar o emergir do eu e aquilo que funda sua historicidade. Naturalmente, o eu é aqui entendido não como espectador, mas como ator que toma forma numa dinâmica ascendente por meio dos diversos graus constitutivos da consciência, até o ordenamento mais elevado do campo da presença humana (Callieri[64]).

Em definitivo, as pesquisas dos processos neurobiofisiológicos são parte essencial de uma fenomenologia da consciência. Todavia, para ela concorrem com igual importância e significado dois aspectos da vida da consciência: a própria *história de vida no mundo* (ou seja, a do indivíduo que toma posição, avalia, escolhe e se confronta consigo próprio e com os outros) e a circunstância psicobiológica atual (a experiência do momento). Se considerarmos essas premissas, talvez seja possível superar as radicalizações naturalistas e metafísico-subjetivistas que barram o caminho ao conhecimento da esfera mais complexa e fascinante do humano.

Mente & Cérebro, 2004

---

63 Herbert Spiegelberg, *The phenomenological movement*, vol. 2, 2ª ed., The Hague: Nijhoff, 1962.
64 Bruno Callieri, *Quando vince l'ombra. Problemi di psicopatologia clinica*, Roma: Città Nuova, 1982.

Altruísmo e competição

Foi Heráclito de Éfeso, no século v a.C., quem sustentou que todas as coisas se produzem pelo conflito de opostos. É muito provável que sem essa tendência fortemente arraigada no programa biológico humano – que de agora em diante definiremos como *competição* – as civilizações nem sequer teriam existido. A partir de Charles Darwin, inúmeros estudos mostraram que a competição é fator essencial da seleção da espécie: em suma, o fio condutor da evolução humana. As palavras do grande cientista inglês, quando disse que os seres vivos são o resultado de uma seleção violenta que premiou as espécies capazes de sobreviver num determinado ambiente, não deixam margem a dúvidas.

No decorrer dos milênios, como impulso da evolução, o homem estruturou seu próprio comportamento por meio de conexões cada vez mais complexas entre os programas filogenéticos e os repertórios comportamentais preordenados, entre estados motivacionais e instâncias psicológico-morais. As próprias funções do cérebro humano parecem ser o resultado de uma seleção que se realizou no curso do desenvolvimento filogenético e com base em variações anatômico-funcionais presentes no nascimento de cada animal. Particularmente, o cérebro humano, desde seu estado embrionário, caracteriza-se por uma abundância de neurônios e dinâmicas que evocam muito de perto o processo de seleção natural proposto por Darwin como fundamento da evolução das espécies vivas. Durante esse processo, na base da utilização, alguns grupos de neurônios morrem e outros sobrevivem e se fortalecem, de acordo com o conceito criado pelo neurobiólogo Gerald Edelman[65].

Na realidade, se é verdade que o patrimônio genético nos determina e que a primeira forma de competição é biológica, é igualmente verdade que a plasticidade do cérebro é o que permite que o homem viva as experiências, transforme-as em versões do presente e imagine o futuro, organizando-o e programando-o conforme as próprias necessidades. A competição, portanto, é sustentada não somente por mecanismos biológicos, mas também por diferentes instâncias, como a necessidade de autoafirmação, de sucesso, de posse: a rivalidade com o pai para conquistar as atenções da própria mãe; a necessidade de corresponder às expectativas de grupo; a obediência às autoridades; a análise da relação custo-benefício e muito mais. Esse conjunto de fatores, que solicitam ou limitam o comportamento competitivo, torna implausível que se identifique competição com agressividade.

Quando, nos anos 1970, a corrente sociobiológica do evolucionismo estendeu o paradigma darwiniano à sociedade humana – sustentando que a economia da natureza é sempre competitiva e que o homem está sujeito a tal esquema –, a muitos pareceu que um dos grandes problemas da biologia teórica tivesse encontrado resposta. Para o biólogo Richard Dawkins[66], autor do afortunado volume *O gene egoísta*, todo indivíduo age em vantagem própria, e os organismos nada mais são do que extensões do gene. Em outras palavras, mesmo quando sacrifica a si mesmo pelos outros, o homem contribui para a reprodução do próprio patrimônio genético. O altruísmo e os comportamentos voltados à melhora das condições do indivíduo e da sociedade não passam de pura ilusão.

Os sociobiólogos sempre rejeitaram a ideia de que o comportamento altruísta tenha utilidade para a espécie. De seu ponto de vista, esse comportamento não poderia ser selecionado, porque a *unidade discreta* da seleção não está na especificidade de uma população ou de um organismo, mas no gene isoladamente. Se numa população animal, argumentam os sociobiólogos, há mutações que determinam mudanças do comportamento – por

---

65   Gerald Edelman, *The remembered present. A biological theory of consciousness*, New York: Basic Books, 1989.
66   Richard Dawkins, *Il gene egoista*, Milano: Mondadori, 2005. Ed. bras.: *O gene egoísta*, São Paulo: Companhia das Letras, 2007.

exemplo, alguns animais se sacrificam pela comunidade, diferentemente de outros –, acontecerá algo muito simples: os animais que se sacrificam irão se extinguir e os outros, que não se sacrificam, sobreviverão. É totalmente irrelevante que a população como tal tire vantagem do comportamento altruísta de alguém. Na perspectiva dos sociobiólogos, a entidade sobre a qual a seleção influi não é a população, mas o indivíduo.

Na realidade, poderíamos objetar-lhes que não são os genes a agir, mas os animais. Por exemplo, um animal que se sacrifica pelos próprios filhos é bastante indiferente ao fato de que com isso seus genes sejam avantajados. Embora sinta medo da morte, um animal de certo nível evolutivo se sacrifica assim mesmo. Nesse sentido, se é plausível afirmar que não há comportamento determinado pelos princípios da espécie, é implausível afirmar que existe somente o egoísmo dos genes. Claro, sempre é o gene a se replicar – e, a rigor, o animal não se sacrifica pela própria espécie, mas pelo próprios genes. Mas o comportamento é sempre prerrogativa do animal individualmente, e, portanto, o gene não pode ser identificado com o organismo. Há alguma coisa que transcende o comportamento animal. É injustificado captar nisso apenas egoísmo.

Com seu atomismo, os sociobiólogos conferem grande importância ao papel do gene isoladamente. Não consideram, porém, que é o organismo em seu conjunto a permitir que o gene sobreviva. Além disso, não podemos descartar (embora não haja evidências concretas) que alguns genes – aparentemente voltados à própria vantagem seletiva e competitiva – instaurem relações e conexões com outros genes que determinam vantagens evolutivas: não é temerário afirmar que uma população tira vantagem reprodutiva justamente em virtude do comportamento altruísta, que lhe dá vantagens de adaptação sobre a população que não conhece esse comportamento. Na realidade, embora em proporções diferentes do que imaginava Konrad Lorenz[67] – para quem o comportamento animal é essencialmente desprovido de agressividade intraespecífica (o canibalismo não é infrequente entre os animais) –, o comportamento altruísta no mundo animal existe. Todavia, se no mundo animal o comportamento altruísta se limita aos exemplares aos quais cada animal está ligado por expressões de reciprocidade, no mundo humano o sacrifício em prol do próprio grupo se fundamenta na capacidade

---

67 Konrad Lorenz, *Il cosiddetto male: per una storia naturale dell'aggressione*, Milano: Garzanti, 1981, p. 63.

eminentemente racional de universalizar. Então, não poderíamos mais dizer que por trás desse altruísmo há somente egoísmo, mas sim que por trás desse egoísmo há a necessidade de autoconservação do altruísmo.

Mantendo-se distantes de todo risco de antropomorfização, podemos afirmar que o animal tem o comportamento altruísta de sacrificar-se pelos parentes porque existe a probabilidade de que também eles tenham o mesmo comportamento. Essa forma de altruísmo está ligada à capacidade de distinguir individualmente o outro animal. De modo diferente, o altruísmo do homem pode ser dirigido tanto a pessoas que foram altruístas com ele, como a outras totalmente desconhecidas. Isso significa que, no homem, o altruísmo tem características universais, pois está ligado também a tradições e valores. Essa estratégia, que se tornou estável no plano da evolução cultural, libertou-se totalmente do egoísmo das fases iniciais da evolução e traduziu-se, inevitavelmente, numa espécie de mecanismo de autoconservação.

Em geral, poderíamos considerar a evolução do comportamento animal – na sequência que vai do egoísmo exclusivo ao altruísmo para com os parentes, ao altruísmo recíproco entre os animais que se reconhecem individualmente, até o altruísmo "universal" do homem – como uma tendência do indivíduo a se libertar cada vez mais do mecanismo de autoconservação que, por outro lado, também deve existir para que não se extinga.

Não há dúvida de que as espécies superiores sempre competiram com seus semelhantes pela conquista de territórios e de meios de sustento, mas o princípio de que o comportamento – sobretudo o do homem – se fundaria na perpetuação genética exclusivamente, e de que os organismos agiriam só com base numa tendência egoísta, é difícil de ser sustentado. A ideia central da sociobiologia fundamenta-se numa tautologia lógica: os genes que determinam um comportamento que multiplica os genes disponíveis no ambiente têm mais sucesso do que os genes que não são capazes disso. Portanto, os organismos cujo comportamento é determinado por esses genes têm mais oportunidades de sobrevivência do que os outros.

Enfim, se é indubitavelmente sensato afirmar que a ação humana é em boa parte governada pelo princípio evolucionista da difusão dos genes, considerar a simpatia, a amizade e o altruísmo como ilusões significa afirmar que todo organismo busca exclusivamente a própria vantagem à custa de outro, e isso francamente não parece demonstrável.

Vitória e frustração

Quais são e como funcionam as dinâmicas da competição na sociedade humana? Antes de tudo, é preciso dizer que a competição é um comportamento presente em cada situação e seus efeitos serão mais relevantes quanto mais intenso for o índice do espírito competitivo. Os atores da competição, com efeito, estão ligados por vínculos, afinidades e relações opositivas, que os transformam em elementos constituintes da estrutura. O resultado da competição depende dos níveis de homogeneidade e atração recíprocos. Os competidores expressam diversidades, assimetrias e perfis dissonantes, não raro incompatíveis quer individualmente, quer coletivamente. Não espanta que a vitória de um corresponda à frustração do outro. Todavia, embora o *estar em relação* seja um fator essencial das dinâmicas competitivas, os atores se diferenciam fortemente até quase se "desidentificar". No polo oposto, a intensidade da competição depende também do grau de tal diferenciação, do número e da visibilidade dos fatores em jogo e de seus indicadores essenciais. Entre os atores da competição a incompatibilidade recíproca aumenta em função desses fatores.

De fato, a competição define-se pela importância do que está em jogo e pela relação entre os atores da competição: sua validade, as capacidades de prestação/desempenho, *performance*, o carisma, a personalidade e a evidência psicológica do *self*, se preferir do si-mesmo, das figuras dos parceiros e dos adversários.

Se uma competição não vê em jogo indivíduos válidos e de poder equivalente, a desproporção torna mais frágeis a previsão e o resultado. Por outro lado, seria diferente uma competição na qual os atores atribuíssem pouco relevo às finalidades perseguidas, as necessárias assimetrias fossem atenuadas e estivessem presentes fatores de interferência, distração, desconcentração, desinvestimento emocional e afetivo. Quando acontece tudo isso, a competição é ineficaz.

Em geral, a competição se dá em uma sequência bifásica: um período de progressivo incremento, até um pico determinado, e uma fase de redução, em que ela decresce até se extinguir. Esse andamento – que se manifesta na competição esportiva e nos conflitos sociais e bélicos – caracteriza-se por duas tendências opostas: uma que leva a procurar, instituir e potencializar o conflito; outra que leva a atenuá-lo e neutralizá-lo.

De modo especial, a competição esportiva – que reproduz com outros meios as formas e os esquemas de uma contenda comportamental – é regulada por uma série de códigos voltados a proteger a integridade dos adversários. Os concorrentes, com efeito, podem e devem entrar em tensão só no que diz respeito a um aspecto: a primazia. Qualquer outra expressão é negada. As proibições e as penalidades se tornam consistentes em regulamentos escritos, leis, costumes, procedimentos de direito, instruções normativas e mais. Muito relevante é a inibição da violência por meio da instituição de regras válidas para todos. Essa regulamentação canaliza as energias em eixos pré-constituídos e voltados para metas conhecidas, mediante percursos rigorosamente definidos no tempo e no espaço. Fora desses âmbitos a competição termina. Prevalece a paz. A infração dos códigos e a transgressão dos limites implica a reprovação, a sanção, a expulsão do sistema.

No esporte, a competição – que tem lugar em campo neutro ou "na casa" de um dos concorrentes – requer formas de compartilhar e de "presença simultânea". Geralmente, a estima recíproca e um sentir comum acentuam as dinâmicas da competição, em lugar de atenuá-las. Em alguns tipos de provas solitárias, a competição assume dimensão fantasmática: realiza-se mediante a imaginação, com a introjeção e a interiorização do adversário. As imagens fantásticas constituem enorme reserva de material simbólico para a satisfação parcial das exigências insatisfeitas. Essa focalização imaginária facilita o aprendizado e a criatividade, instrumentos úteis para o aperfeiçoamento dos resultados. Além disso, as representações imaginárias aumentam as capacidades individuais e enriquecem a vida emotiva dos indivíduos e dos grupos. Entre a satisfação simultânea das diversas motivações dominantes no indivíduo e a experiência estética há perfeita simetria. A competição – entrelaçada com as representações mentais, percepções, emoções e ações que se verificam na ativação competitiva – compensa as diversas solicitações presentes numa determinada personalidade.

Entre espírito de competição esportivo e guerra não há somente continuidade isomórfica, mas também diferenciação alternativa. Onde tem lugar a primeira não pode acontecer a segunda, e vice-versa. Os gregos, como se sabe, interrompiam as hostilidades toda vez que havia jogos atléticos de certo relevo e, por ocasião da morte em guerra de um chefe, suspendiam as lutas cruentas para substituí-las pelos embates esportivos dos jogos fúnebres.

Estado agonal

O estado agonal é definido por situações em que os conflitos foram desativados e substituídos por expressões como contenda, concorrência, concurso. O esporte é uma representação eficaz disso, disseminada e articulada em diferentes disciplinas. O estado agonal, no entanto, ultrapassa a dimensão exclusivamente lúdica, até se tornar uma verdadeira regularidade da política, da economia, da cultura. Em contextos como esses, é necessário que os rivais se comportem como adversários, já não como inimigos. Eliminadas, desde o início, a violência e a hostilidade, resta a possibilidade de vencer ou superar o concorrente segundo regras estabelecidas com antecedência, como postula o filósofo Julien Freund[68].

O equilíbrio do estado agonal é dinâmico. Fatores de perturbação incontrolados podem colocá-lo em risco a qualquer momento. Por outro lado, criar condições de estabilidade mediante normas e regulamentações pode determinar resultados contrafactuais que fazem degenerar o estado agonal em pura violência. Nesse sentido, para que um estado agonal seja tal, deve ser excluída qualquer possibilidade de equilíbrio estável. Seus equilíbrios têm de ser invariavelmente dinâmicos, instáveis. Os resultados derivam de movimentos de forças opostas, heterogêneos e imprevisíveis, que se neutralizam ainda que nunca se anulem.

Joga-se, compete-se, concorre-se sempre por alguma coisa. Mas as vantagens marginais da competição não contam; contam, sim, as conquistas materiais ou a aposta moral que está em jogo. Essencial é o resultado imaterial, o êxito no desafio. A vitória traz satisfação, estima, honra. Na competição não está presente apenas a mera vontade de poder ou de domínio sobre os outros, mas sobretudo a aspiração a superar os outros, o desejo de ser honrado, estimado: em suma, de obter o triunfo.

Concorremos, desafiamo-nos, lutamos, *em alguma coisa*: em força, em sabedoria, em destreza; mas também *com alguma coisa*: com o corpo, o intelecto, as palavras. Nas sociedades arcaicas, nas quais o saber se revestia de características mágicas e sacras, a forma mais disseminada de competição estava na sabedoria e no conhecimento. Isso tudo se evidenciava especialmente nas festas sacras, nas quais se competia com a palavra, as adivinhas,

---

68   Julien Freund, *Il terzo, il nemico, il conflito*, Milano: Giuffrè, 1995.

os enigmas. Além disso, o espírito de competição tinha a função de promover a coragem e o heroísmo pessoais, de solicitar a civilidade e desenvolver a própria vida social. Assim, a vida dos nobres estava inspirada nos valores da honra e da coragem, mas como não podiam utilizar esses aspectos nos embates bélicos, acabavam sendo convertidos em rivalidade idealizada, em valores de honestidade, virtude, beleza. Essas categorias se delineavam nos códigos de honra não escritos da cavalaria, da atlética guerreira, da religião: basta pensar no mundo dos samurais, no qual o senso do dever e das regras permeava cada aspecto daquela antiga sociedade.

Ritos verbais

Um dos processos decisivos na evolução biológica e cultural do homem – que agiu como fator de pressão seletiva – foi precisamente a ritualização dos conflitos prejudiciais. A competição verbal representa, por exemplo, ritualização extrema do comportamento agonal. A possibilidade de transferir os conflitos para o plano verbal contribui, de modo decisivo, para harmonizar a coexistência humana. O grau mais elevado de ritualização da luta se expressa na contenda verbal, que sempre constituiu o terreno da maioria das fronteiras intraespecíficas. Os estudos sobre o tema demonstram que, na utilização dos esquemas que presidem a ação verbal, existem invariabilidades culturais (a deslegitimação, a acusação, a difamação, a calúnia etc.), que espelham as regras de conduta sobre as quais são estruturadas estratégias de interação social.

Desde o início da viagem da vida na Terra, a competição representou o mais extraordinário instrumento de permanência, de transformação, de seleção e adaptação da espécie. As diversidades internas à vida de um universo que contém a vida e serve de intermediário para o pensamento – melhor dizendo, de um universo que abarca a vida e serve de ponte para o pensamento – evidenciam a extraordinária unidade do múltiplo que se expressa no processo evolutivo. Sem entrar no debate entre os adeptos de um rigoroso determinismo (o gene egoísta de Dawkins) e os adeptos do princípio de casualidade (os equilíbrios pontuados de Stephen Jay Gould), é possível afirmar que nos próximos anos esse será um dos dilemas aos quais a ciência, na acepção mais ampla, terá de responder. A vida é funcional, e toda função depende de uma altíssima complexidade de mediações e passagens. Mas a vida também é história, evolução. Além disso, a vida que é nem sempre foi, e a vida que foi, nem sempre é. A extrema variabilidade da vida diz respeito a todo agrupamento taxonômico. A diferença em relação à máquina – persistente, sujeita a desgaste, mas não a mudança – é radical. Mas a máquina tem atrás de si o poder do pensamento humano, ao passo que a vida parece nada ter.

Scientific American Brasil, 2005

A vida oculta do cérebro

As chaves da empatia

A crescente insatisfação com as modernas concepções acerca da mente tem deslocado a atenção dos neurocientistas nos últimos anos para o altruísmo, a empatia e a intersubjetividade, temas antes restritos ao território de filósofos e psicólogos. Assim teve início uma intensa exploração de seus correlatos biológicos para esclarecer não apenas a complexidade e os tipos de vínculos que as pessoas formam entre si, mas também – e sobretudo – para compreender a estrutura e a evolução da mente individual.

Para as ciências cognitivas clássicas, o funcionamento da mente é semelhante ao do computador – isto é, pensar equivale a calcular. Em certo sentido, a mente seria uma entidade isolada que independe da relação com os outros. Ao concentrar todo o esforço para esclarecer as regras formais do funcionamento da mente – deixando de lado o contexto no qual ela se desenvolve –, os cientistas dessa vertente mostraram pouco interesse em desvendar o senso de identidade vivenciado por todos nós quando entramos em contato com nossos semelhantes.

Inúmeras evidências científicas demonstram que o homem é um animal social que precisa da relação com seus pares para crescer e sobreviver. Mas permanece aberta a seguinte questão: a sociabilidade é inerente à mente humana ou resulta do contexto social, aparecendo num segundo momento e de forma complementar? Se considerarmos verdadeira a primeira hipótese, que importância devemos atribuir aos aspectos fenomenológicos e experienciais das relações interpessoais?

Nosso ambiente social é habitado por outros indivíduos que, como nós, mantêm relações intencionais com o mundo. Estamos, portanto, numa relação de *sintonia intencional* natural com os outros. No entanto, essa sintonia diz respeito não apenas à esfera das decisões e das escolhas, mas também – e talvez mais significativamente – à das emoções e das sensações alheias. Somos ligados aos outros por compartilhar o sentido de suas ações, emoções ou sensações, por termos em comum os mecanismos neurais que as produzem. A sintonia intencional faz com que o outro diante de nós seja muito mais que um sistema de representação – ele é uma pessoa como nós. A subjetividade humana, e provavelmente também a de animais distintos do *Homo sapiens*, surge no momento em que o homem descobre a si próprio – aquele determinado corpo que apenas é, aquela determinada subjetividade que só é por meio da relação com o outro, como diria o filósofo fenomenológico Merleau-Ponty[1]. A consequência lógica e psicológica mais relevante dessa descoberta é que a subjetividade animal, especialmente a humana, é na realidade uma *intersubjetividade original*: uma aquisição que vai na direção oposta à tendência individualista que prevalece na psicologia contemporânea, sobretudo nas ciências cognitivas.

Inteligência social

Pesquisas recentes da psicologia do desenvolvimento vêm subvertendo nosso conhecimento no que se refere às capacidades cognitivas de recém-nascidos e crianças. Elas mostram que desde o início da vida somos capazes de comportamentos antes associados a habilidades cognitivas mais complexas, presentes apenas nos adultos. Um aspecto surpreendente em bebês é a capacidade de integrar informações sensoriais de vários tipos. Isso ocorre quando reconhecem como visualmente distinto o que havia sido percebido como diferente apenas com o tato, por exemplo. Outros estudos revelam que os recém-nascidos podem determinar com muita precisão a intensidade e a sequência temporal de uma estimulação sensorial, independentemente

---

1   Maurice Merleau-Ponty, *La phénoménologia de la perception*, Paris: NRF/Gallimard, 1945.

de sua modalidade (auditiva, tátil, visual etc.). Integrar informações parece ser uma capacidade inata ou de desenvolvimento muito precoce. Como é utilizada na construção dos laços sociais, ela desempenha papel central na evolução da inteligência social.

Outra habilidade de grande interesse nos bebês é a imitação por meio de movimentos de rosto, especialmente com a boca, isto é, partes do próprio corpo que eles não veem. A partir do comportamento observado, a informação é transmitida às áreas motoras para a reprodução daquele comportamento. Provavelmente inata, a capacidade imitativa já pode ser verificada nos primeiros dias de vida e permite ao bebê criar relações de afeto com seus semelhantes. Essas dinâmicas precoces mostram que os vínculos interpessoais já estão ativos no começo da vida, quando ainda não dispomos de representações subjetivas do mundo, pois a consciência da própria identidade ainda está longe de se constituir.

Exemplos como esses indicam que nosso sistema cognitivo é capaz de compor um mapa complexo, abstrato, que utiliza fontes sensoriais variadas, muito antes do desenvolvimento da linguagem e de outras formas sofisticadas de comunicação e interação social. O desenvolvimento de uma forma progressivamente mais madura de comportamento imitativo – que implica consciência do significado daquilo que é imitado – está no centro de um controvertido debate na psicologia entre os que consideram a capacidade de imitar como atributo exclusivamente humano e aqueles que a conferem também a outras espécies.

As modernas técnicas de imageamento cerebral permitem hoje compreender as bases neurais dos mecanismos e das dinâmicas imitativas no ser humano. Por meio delas, foi possível observar como os fenômenos de imitação ativam um circuito cortical que inclui a região pré-motora ventral, a parietal posterior e a parte posterior do sulco temporal superior. Alguns neurocientistas demonstraram que esse circuito é ativado tanto no ato da observação quanto no da imitação. Inesperado foi constatar maior atividade do sulco temporal superior, então considerado região puramente sensorial, quando se imita uma ação no momento de sua observação. Se a função for apenas fornecer uma descrição visual, não se entende por que essa região é mais ativa durante a imitação, já que a ação imitada é idêntica à observada.

Uma explicação possível é a de que esse fenômeno talvez reflita as consequências visuais esperadas da ação imitada ou, em outras palavras, que represente o correspondente neural da ativação de um modelo de projeção ou antecipação, que simularia as consequências sensoriais da ação a ser imitada. Fortalecida por outros estudos, a hipótese aponta para o fato de que a imitação envolve um circuito de áreas corticais cuja ativação pode ser interpretada em termos de simulação.

Empatia e simulação

Ao observar o comportamento alheio, percebemos não apenas as ações, mas também as emoções e as sensações que as acompanham. A empatia é a capacidade de estabelecer essa ligação. Não se trata da habilidade de compreender a tristeza, a felicidade, a raiva ou outros sentimentos humanos, mas de acessar intimamente as sensações vivenciadas pelo outro.

Desde o nascimento, habitamos e compartilhamos um espaço interpessoal que continua ocupando parte significativa de nossa vida mesmo na idade adulta. Quando captamos uma ampla gama de comportamentos (emoções e sensações de outros indivíduos), automaticamente estabelecemos um vínculo interpessoal dotado de significado. Como explicar essa forma singular de compreensão interindividual? Entram em jogo nossas capacidades lógicas? Utilizamos as teorias da mente para acessar emoções ou sensações experimentadas por outros? Na verdade, temos no dia a dia claras condições de decodificação da qualidade das emoções contidas e expressas pelo comportamento alheio, sem ter de recorrer a esforços cognitivos explícitos. O significado das expressões de afeto parece ser compreendido automática e implicitamente pelo observador sem mediações cognitivas elaboradas. Mas o que torna tudo isso possível? Que mecanismo está na base de nossa capacidade individual de sentir empatia?

Desde os anos 1970, inúmeros estudos etológicos sugerem que os primatas não humanos possuem extraordinária capacidade de avaliar a qualidade das relações dentro de um grupo social, não só em termos de parentesco, mas de intimidade, amizade e alianças. Evidências mais recentes mostram que eles conseguem categorizar e compreender também as relações sociais que dizem respeito a terceiros. Além disso, pesquisas bastante consistentes investigam a possibilidade de que o comportamento social desses primatas seja guiado por intenções e de que sua compreensão do comportamento alheio seja de natureza intencional. Há consenso na comunidade acadêmica sobre o fato de que esses animais se comportam como se tivessem intenções e objetivos, embora, diferentemente dos humanos, a consciência das finalidades lhes seja negada. A capacidade de interpretar o comportamento de seus pares para alcançar os objetivos fornece vantagem considerável aos indivíduos, permitindo-lhes prever as consequências do comportamento alheio. Essa vantagem cognitiva possibilitaria influenciar e manipular o comportamento de seus semelhantes.

Mais de uma vez o neurologista português António Damásio[2] demonstrou que um dos mecanismos que permitem sentir emoções é a ativação de um circuito nervoso de tipo "como se", isto é, um circuito de simulação das modificações corporais induzidas pela experiência das emoções por meio da ativação dos mapas sensoriais. É plausível pensar que essa ativação "como se" seja induzida também pela observação. Algumas evidências sugerem que tanto a experiência subjetiva de sensações e emoções quanto a tentativa de decodificar nos outros sensações e emoções similares ativam as mesmas regiões cerebrais.

A observação de alguém realizando determinada ação ativa no cérebro os mesmos neurônios que normalmente entram em ação quando cumprimos a mesma tarefa. Estamos falando dos neurônios-espelho, uma das descobertas neurológicas mais importantes dos últimos anos. Trata-se de um mecanismo fundamental que permite um tipo de comunicação não mediada pela linguagem. Estudos com primatas demonstraram a existência de uma população de neurônios pré-motores que se ativam não só quando o animal manipula objetos, mas também quando observa as mesmas ações executadas por outro indivíduo. A observação de uma ação induz a ativação do mesmo circuito neural destinado a controlar sua execução e, portanto, provoca no observador a simulação automática da mesma ação. É possível levantar a hipótese de que esse mecanismo estaria na base de uma forma implícita de compreensão do comportamento alheio.

Uma série de estudos comportamentais demonstrou que também os primatas, incluindo os humanos, têm condições de inferir o objetivo de uma ação, mesmo quando a informação visual disponível é incompleta. A inter-

---

2   António Damásio, *The feeling of what happens: Body and emotion in the making of consciousness*, New York: Harcourt Brace, 1999.

ferência quanto aos objetivos das ações alheias parece ser mediada pela atividade de neurônios pré-motores que codificam os objetivos das mesmas ações no cérebro do observador. Mediante a simulação, a parte não visualizada da ação pode ser reconstituída, e seu objetivo, inferido. A integração sensório-motora (que teria lugar no lobo parietal posterior, ligado à área pré-motora) desencadeia simulações de ações utilizadas em seu controle executivo e em sua compreensão implícita.

Tipos de simulação

Que relevância têm esses achados para a compreensão das faculdades cognitivas sociais da espécie humana? Muitos estudos neurocientíficos demonstraram que também o cérebro humano é dotado de um sistema que mapeia as ações observadas nos mesmos circuitos neurais que controlam sua execução. No ser humano, assim como em outros primatas, a observação de uma ação é uma forma de simulá-la. Essa simulação, entretanto, difere, sob muitos aspectos, dos processos que implicam imaginação visual ou motora. A observação da ação alheia induz automaticamente à simulação desta. Na imaginação mental, porém, esse processo é evocado por um ato da vontade: alguém imagina propositadamente que está fazendo ou vendo alguma coisa. Uma validação empírica dessa diferença provém, mais uma vez, do imageamento cerebral. De fato, se comparamos os centros motores ativados durante a observação da ação com aqueles ativados por sua simples imaginação, é possível notar que apenas a segunda condição induz a ativação das áreas antepostas à área motora suplementar e ao córtex motor primário.

É possível afirmar que a imaginação mental e a observação das ações alheias constituem tipos de simulação. A diferença principal consiste no evento que as induz: no caso da imaginação, um evento interno; na observação, um evento externo. Além disso, há diferenças também no tipo de áreas corticais ativadas. Contudo, ambas as condições compartilham o mesmo mecanismo básico: a ativação dos circuitos corticais parietal-pré-motores. A simulação automática constitui um nível de compreensão que não implica o uso explícito de alguma teoria ou representação simbólica.

Para a psicologia evolutiva, as emoções são um dos instrumentos mais precoces para a aquisição de conhecimentos sobre o estado interior do indivíduo, permitindo-lhe modular, se necessário, reparações comportamentais para conseguir sua otimização – o que indica forte interação entre ação e emoção. A coordenação dos circuitos neurais sensório-motores possibilita simplificar e automatizar inúmeras estratégias comportamentais que os organismos acionam para garantir a própria sobrevivência.

Estudos recentes de fMRI em pessoas sadias apontam que há estreita relação entre simulação e empatia, mostrando que tanto a observação quanto a imitação de emoções faciais ativam o mesmo e restrito grupo de estruturas cerebrais: córtex pré-motor, ínsula e amígdala. Isso leva a crer que essa dupla ativação se deva à atividade de um mecanismo de simulação encarnada. É provável, além disso, que existam neurônios-espelho somatossensoriais capazes de nos ajudar na identificação das diferentes partes corporais alheias, correlacionando-as a equivalentes de nosso corpo. A imaginação motora, a observação, a imitação das ações e a empatia parecem compartilhar o mesmo mecanismo de base: a simulação encarnada, com a qual se criam modelos do mundo real ou do imaginário. Tais representações são a única maneira disponível de estabelecer nexos com esses mundos, que nunca são objetivos, mas sempre recriados mediante modelos simulados.

Relação com o outro

A notável quantidade de evidências neurocientíficas sugere a existência de um nível de base de nossas relações interpessoais que não prevê o uso explícito de posturas proposicionais. Esse nível é regido por processos de simulação encarnada, mediante os quais podemos construir um espaço intersubjetivo compartilhado e inteligível que não se esgota no mundo das ações, mas envolve uma dimensão mais global, compreendendo todos aqueles aspectos que definem um organismo vivo: desde a forma de seu corpo a suas sensações e emoções.

Esse espaço multiforme define a ampla gama de certezas implícitas que utilizamos na relação com nossos semelhantes. O si-mesmo e o outro estão correlacionados, pois ambos representam extensões opostas de um mesmo espaço – o nós –, no qual observador e observado são parte de um sistema regido por instâncias de reciprocidade. O espaço interpessoal em que vivemos desde o nascimento continua a constituir por toda a vida uma parte essencial de nosso espaço semântico. Quando observamos o comportamento alheio e somos expostos ao poder expressivo desse agir (o modo como os outros agem, suas sensações e emoções), graças a um processo automático de simulação, cria-se uma ponte interpessoal carregada de significado, cuja finalidade é a coconstrução de nossa relação com o outro.

Temos possibilidades significativas de compreender melhor o nível pessoal de descrição, no que diz respeito ao indivíduo isoladamente e à multidão de pessoas, utilizando como chave interpretativa o esclarecimento dos mecanismos neurais (nucleares) subjacentes ao "funcionamento" dos indivíduos. É realmente singular que, por vezes, as ciências humanas oscilem entre uma interrupção radical, em âmbito social, da utilidade explicativa fornecida pelos resultados da pesquisa neurocientífica e uma confiança cega nas neurociências, como possível suporte de uma teoria global. Na realidade, existem níveis múltiplos de descrição. Nós somos nossos neurônios e nossas sinapses, mas também somos muito mais que isso. Talvez um dia possamos ter acesso a esse mais, mas só se considerarmos a pluralidade da mente numa lógica ampla, como parte de um contexto maior.

Mente & Cérebro, 2006

Desvendando a mente estética*

O que acontece quando temos uma experiência artística e, em sentido mais geral, uma experiência estética? Nos últimos trinta anos, as neurociências levaram suas explorações até o limiar que divide as ciências da natureza das ciências da cultura, esclarecendo a qualidade biológica e psíquica da experiência estética, uma das mais controversas e fascinantes experiências humanas. Na realidade, já nos séculos passados, escritores e filósofos – de Platão a Goethe, de Kant a Winckelmann – tentaram penetrar a essência do senso estético, da beleza. Nenhum deles podia imaginar que um dia observaríamos *in vivo* as dinâmicas do cérebro diante de uma obra de arte. No entanto, o desenvolvimento dos novos métodos de imageamento cerebral – que nos mostram a atividade do cérebro enquanto cumprimos uma ação, pensamos ou nos emocionamos – propicia avanços formidáveis no conhecimento da fisiologia cerebral. A ressonância magnética funcional, especialmente, nos permite estudar os padrões de ativação das diferentes áreas do cérebro, e mostra que toda estrutura cerebral é especializada em uma ou mais tarefas específicas, como a elaboração dos estímulos sensoriais (visuais, táteis, auditivos etc.), o planejamento e a execução de processos motores ou a percepção de determinados estímulos emotivos.

* Texto escrito com a colaboração de Ilaria Anzoise e Silvia dell'Orco.

Evidências experimentais recentes esclarecem que, embora no plano das experiências estéticas – que implicam sentimentos, recordações, emoções e outras coisas mais – os seres humanos mostrem forte caráter individual (porque ligados a componentes genéticos e culturais), diante de uma obra de arte eles compartilham as mesmas percepções elementares. Nesse sentido, perceber o mesmo objeto ou experimentar as mesmas emoções provocam a ativação das mesmas áreas cerebrais em todos os seres humanos. Essa disposição comum é fundamento da capacidade de comunicar até aquelas impressões e emoções profundas que não sabemos como fazer com palavras.

A pintura, a escultura, a poesia e a música permitem ao homem expressar em obras de elevadíssimo nível estético conceitos sutis, paixões, prazeres, tormentos e os mais íntimos movimentos da alma humana.

Há cerca de uma década, um grupo de cientistas ingleses elaborou um programa de pesquisa – definido como *neuroestética* – com o objetivo de esclarecer os mecanismos biológicos da experiência estética. Em diversos estudos, Semir Zeki[3] e seus colaboradores identificaram algumas áreas cerebrais envolvidas na fenomenologia do amor (romântico ou materno), mostrando que esse sentimento – seja lá qual for seu significado – estimula as áreas cerebrais que geram sensações de prazer e recompensa. Segundo os pesquisadores ingleses, essas evidências explicariam por que o amor, assim como a arte, nos deixa eufóricos, provocando sensações de bem-estar. Nas situações em que esse sentimento está em jogo, os estudiosos perceberam que, enquanto algumas áreas cerebrais são ativadas, outras se desativam: entre estas últimas, figuram os lobos frontais, especificamente envolvidos nas operações de julgamento das pessoas. Esse dado, muito relevante, poderia esclarecer por que as pessoas são quase sempre pouco objetivas em seus juízos sobre as pessoas amadas e as mães particularmente quase sempre tendem a ser pouco críticas em relação aos próprios filhos.

Embora pesquisas desse tipo ainda não tenham sido realizadas no âmbito artístico, não é infundado supor que eventos do mundo exterior – por exemplo, dinâmicas socioculturais – podem provocar inibição reversível dos lobos frontais, tornando menos imparciais nossos juízos estéticos. Nesse sentido, se o papel inibidor dos fatores socioculturais nos lobos frontais fosse demonstrado, talvez se pudesse explicar por que uma obra não parti-

---

3   Semir Zeki, *Inner vision: An exploration of art and the brain*, New York: Oxford University Press, 1999.

cularmente sugestiva, ainda que inserida em um contexto que nos é conhecido (quando, por exemplo, o artista em questão é universalmente consagrado), pode ser reavaliada do ponto de vista estético.

Em busca de essências

Uma das peculiaridades essenciais do cérebro é conhecer – entre fluxos de informações enormes e inconstantes – as regularidades e as invariâncias de objetos e situações. Para esse fim, o cérebro utiliza procedimentos que possibilitam extrair as informações necessárias para o conhecimento das propriedades duráveis da realidade. Um exemplo pertinente a esse respeito é a visão da cor. O que medeia esse mecanismo é um sistema de elaboração do cérebro geneticamente determinado, que age, por assim dizer, por graus, reconhecendo antes as cores e depois as formas.

Há mais um processo de extremo interesse: o fenômeno da abstração, mediante o qual o cérebro enfatiza o geral em detrimento do particular, ao qual se segue a formação dos conceitos, desde aquele da linha reta até o mais complexo de beleza. Trata-se de conceitos que os artistas procuram transfundir constantemente em suas obras. Assim como o cérebro sabe a neurofisiologia das cores e do movimento, quando ele determina a cor de uma superfície, o faz de maneira abstrata, sem se "preocupar" com a forma precisa do objeto. Há, com efeito, células do córtex visual tão especializadas a ponto de reagir somente ao movimento em uma direção, e não em outra.

Em geral, como busca dos princípios e das regularidades da percepção da obra de arte, a neuroestética articulou-se em dois níveis fundamentais: a) a indagação da visão como processo ativo mediante o qual o cérebro, construindo e reconstruindo o mundo, adquire conhecimento do ambiente; b) a indagação da experiência artística como função da relação entre o sujeito que percebe e o mundo percebido. As pesquisas sobre as diferentes áreas do córtex visual contribuíram de maneira determinante não só para a elaboração de um modelo da visão como processo ativo, mas também para a definição das sequências pelas quais o cérebro – filtrando e elaborando os impulsos nervosos provenientes da retina – representa para si o mundo exterior, por meio de uma verdadeira reconstrução fundamentada na interpretação do fluxo de informações oriundas do ambiente. O estudo das dinâmicas de seleção, classificação e registro dos estímulos provenientes do ambiente exterior – do qual se origina a representação da realidade – ofereceu a deixa para uma reconsideração da relação entre essa atividade de filtro múltipla (por ser desenvolvida de maneira aparentemente independente das áreas V1, V2, V3, V4 e V5 do córtex visual) e a elaboração do dado que o artista realiza em seu caminho de busca do que é essencial.

É preciso dizer que a seleção, eliminação, comparação e, enfim, identificação dos dados sensoriais – isto é, o processo mediante o qual o cérebro adquire conhecimento sobre o ambiente – mostram forte analogia com os processos que estão na base da representação artística. Esta, de algum modo, constitui verdadeira extensão das atividades ordinárias do córtex visual, que são as de representar as características constantes, duradouras, essenciais e estáveis de objetos, superfícies, rostos, situações e assim por diante, ou seja, todas aquelas operações que nos permitem adquirir conhecimento. Em sua contínua experimentação e, portanto, na busca de uma linguagem expressiva própria, o artista retomaria, de maneira mais ou menos consciente, o trabalho de seleção pelo qual o cérebro chega ao que há de essencial no dado sensorial. Nesse sentido, a arte se mostra como a busca de regularidades e invariâncias estruturais por meio de um processo de seleção e derivação de sentido de uma grande quantidade de dados perceptivos: uma espécie de extensão da atividade fundamental do cérebro visual, que afinal é a de adquirir conhecimento do mundo identificando suas propriedades específicas e estáveis.

Mas existe uma simetria adicional a ser considerada: aquela entre a necessidade de o cérebro isolar e avaliar as qualidades permanentes, essenciais e constantes dos objetos do mundo e o esforço contínuo da pesquisa artística para apreender e investigar a própria essência da realidade. É nesse sentido que a arte acresce nosso conhecimento do mundo exterior, mostrando-se suscetível à exploração científica de alguns aspectos da interação entre a elaboração e a fruição da obra de arte e a atividade de algumas áreas do córtex visual. Alguns estudos se aventuram precisamente nessa direção, delineando uma espécie de abordagem intuitiva dos artistas a algumas esferas da visão. Isto é, o artista seria uma espécie de neurologista inconsciente que – por meio da própria pesquisa, antes introspectiva e depois formal –, de maneira mais ou menos seletiva, manipula as diferentes áreas do córtex visual. A carga comunicativa do produto artístico (e suas implicações intersubjetivas) se deveria à especial sensibilidade com que o artista individualmente instaura um diálogo mais ou menos consciente com as bases biológicas das próprias funções do fenômeno da visão, conseguindo assim produzir alguma coisa capaz de solicitar faculdades, estruturas e dinâmicas comuns a todos os outros cérebros. Mas isso ainda pouco ou nada nos diz quanto à própria essência da experiência estética.

Quando o som fica colorido

Todos aqueles que tratam de neurociências tiveram de responder, por vezes com certo constrangimento, a perguntas do tipo: mas se cada área do cérebro tem uma função específica, existe então uma área (ou mais) da criatividade? E, admitindo-se sua existência, seria talvez mais desenvolvida nas pessoas criativas? Na verdade, apesar das extraordinárias oportunidades proporcionadas pelos novos métodos não invasivos e dos múltiplos parâmetros de estudo do cérebro (FMRI, PET, MEG etc.), ainda não temos condições de explicar a maior parte dos fenômenos cerebrais. Assim, a despeito dos enormes esforços, a identificação de uma neurobiologia da criatividade, dos estados mentais e das emoções ainda está longe de se dar.

Entre os diversos fenômenos ainda envoltos em mistério, há um que está captando progressivamente o interesse dos pesquisadores e tem a ver com as questões essenciais que a neuroestética coloca: a sinestesia (do grego *syn*, "em conjunto", e *aisthánestai*, "perceber"), fenômeno em que esferas sensoriais diferentes se mesclam em combinações que dão lugar a percepções e representações inéditas. Uma forma de sinestesia muito conhecida é aquela entre cores e sons: uma pessoa, ouvindo sons e notas específicas, percebe uma cor sobreposta às imagens que está observando, mesmo que aquela cor esteja fora de seu campo visual. Como o famoso caso de Mozart, que, junto com o som, "via" a cor das notas. É preciso dizer que, embora não tenhamos total consciência disso, todos nós experimentamos entrelaçamentos entre visão e audição, às vezes inextricáveis. A maior recorrência é a combinação entre sons e imagens, como no caso da percepção de sons coloridos ou vice-versa. Nos sinestésicos, por exemplo, a observação de um quadro chama à mente uma música, da mesma maneira que ouvir uma sinfonia chama uma imagem ou uma cor.

A sinestesia hoje estudada pelas neurociências é, essencialmente, a mesma que, no curso da história, incendiou a fantasia criadora de artistas, músicos, poetas e escritores como Rimbaud, Liszt, Nabokov e tantos outros. Na mente de Kandinsky, por exemplo, as cores se transfiguram em um meio sonoro que "ecoa e vibra" na obra junto com as formas. O artista russo descobre o extraordinário poder expressivo das cores assistindo à representação do *Lohengrin*, de Wagner:

> [...] parecia-me ter diante dos olhos todas as minhas cores. Diante de mim formavam-se linhas desordenadas, quase absurdas. [...] O sol derrete Moscou inteira numa mancha que, como um trompete, impetuoso, faz a alma toda vibrar. Não, essa uniformidade vermelha não é a hora mais bonita! Esse é apenas o acorde final da sinfonia que doa a máxima vitalidade a cada cor, que faz com que toda a cidade ressoe como o fortíssimo de uma enorme orquestra[4].

Para Kandinsky, a cor produz nos espíritos sensíveis efeitos psíquicos intersensoriais que vão além da vista: sabores azuis, sons amarelos, cores ásperas ou lisas.

A relação íntima entre sons e cores que Kandinsky percebeu por meio da música wagneriana se cruza com as especulações teosófico-musicais de outro artista russo seu contemporâneo, o músico Aleksander Skriabin, com o qual Kandinsky compartilhava a crença na função mística da arte. Em seu *Prometeu* as artes se unificam, os sons e as cores se fundem. E mais: toda a sinfonia cromática de *Prometeu* se alimenta da correspondência entre sons e cores. Todo som remete a uma cor, toda modulação harmônica chama uma modulação cromática. A música é indissociável das cores.

SINESTESIA NÃO É CRIATIVIDADE

O cérebro se constitui de diversas áreas cerebrais separadas umas das outras, que permitem a percepção dos diferentes aspectos da cor, do movimen-

---

[4] Vasilij Kandinsky, "Sguardo al passato", in: Philipp Sers (org.), *Tutti gli scritti*, Milano: Feltrinelli, 1974, vol. II, p. 158.

to, dos vultos, dos sons e assim por diante. Do ponto de vista anatômico, entre a área V4 (que rege a visão das cores) e as áreas auditivas não há conexões diretas e, portanto, cores e sons percorrem caminhos perceptivos diferentes. Assim, se em condições normais a experiência cromática concerne à área V4 e a auditiva, ao córtex cerebral auditivo, nos sinestésicos a audição de sons que determina atividade em V4 provoca percepções cromáticas também na ausência de estímulos específicos.

Não sabemos ainda se no cérebro dos sinestésicos haveria peculiaridades anatômicas, estruturas neurais de contato entre áreas cerebrais distantes ou se, enfim, entre essas áreas faltaria inibição na comunicação neural. Sabemos, porém, que a sinestesia torna o conhecimento do mundo extraordinário e esteticamente sugestivo. Além disso, sua influência na criatividade de um artista – isto é, o efeito de sobreposição de objetos presentes no ambiente à percepção viva de cores, sons ou gostos – é formidável. Ver as cores de uma sinfonia ou sentir o gosto de uma forma intensificam o valor estético de uma obra. Mas atenção! Embora ligados por uma origem comum, a sinestesia difere notadamente da criatividade. Com efeito, se a sinestesia gera uma experiência vinculada à percepção espontânea e explícita, a fantasia criativa tem por esfera eletiva a imaginação e, portanto, não tem a ver com sensorialidade. Em razão dessa natureza abstrata, as ideias criativas podem ser transmitidas através das gerações e compartilhadas por civilizações diferentes, constituindo um valor na evolução cultural. Diversamente, as percepções originais e insólitas dos sinestésicos parecem experiências extraordinárias de poucos indivíduos. Apesar disso, a busca de nexos entre criatividade e sinestesia – que, afinal, é a busca de uma correlação entre a estrutura física do cérebro e a criatividade – é de extremo interesse científico. A própria criatividade, se pensada como um efeito extremo da sinestesia, envolve relações específicas entre áreas do cérebro e conexões peculiares, que conferem ao indivíduo a capacidade de apreender novas relações entre esferas psíquicas diferentes e os objetos do mundo.

Já se sabe que a amígdala atribui valores emocionais a estímulos em si neutros mediante processos associativos ditados pela experiência individual. As evidências empíricas sugerem que o sentido do belo deriva da ativação simultânea de áreas corticais incumbidas da análise física do estímulo (e, portanto, dependentes de parâmetros intrínsecos da obra, que podem variar de uma obra para outra) e da ínsula, estrutura encarregada da percepção e da organização das emoções. Outros valores da obra de arte são, ao contrário, elaborados pelo observador segundo critérios subjetivos, em geral ligados à experiência e ao gosto individual. Esse segundo tipo de beleza, que se pode definir como subjetiva, envolve a atividade da amígdala, a área que codifica o aspecto emocional das experiências pessoais.

Diferentemente do que se acreditou por muito tempo, a visão não depende da fixação de uma imagem na retina, que em seguida é transmitida ao cérebro e por ele interpretada. No olho não há nenhuma imagem no sentido tradicional. A retina é apenas o filtro e o canal dos sinais em direção ao cérebro, que depois constrói o mundo visual. Em outras palavras, a visão é um processo ativo. Matisse compreendeu isso instintivamente quando, bem antes dos cientistas, escreveu que ver, para ele, era já um processo criativo, que requeria muito esforço. Essa ideia de criatividade envolve a existência de conexões a um só tempo suplementares e atípicas, isto é, estruturas nervosas que servem de ponte entre percepções e atividades psíquicas (conscientes ou inconscientes) presentes exclusivamente em algumas pessoas mais criativas.

A propensão à criatividade tem valor formidável para artistas, cientistas, filósofos e, em geral, para todo indivíduo pensante. Não é necessário, porém, ser sinestésico para conquistar a inspiração e a emoção que impele a criar, bastaria aguçar a própria sensibilidade por meio do envolvimento dos sentidos em um original conjunto perceptivo. Por outro lado, hoje mais que ontem, a tecnologia permite ao artista pintar, esculpir ou escrever enquanto escuta música. Ele pode até acrescentar às obras de arte elementos que evocam experiências multissensoriais que lhes incrementam o valor emocional. Pesquisas recentes, como as de Cytowic[5], mostram que percepções próximas às sinestésicas exaltam o julgamento estético e a harmonização de perfumes, cores e sons, devolvendo às obras um amálgama sensorial de intenso prazer.

Ao efetuar tal síntese entre dimensões sensoriais diferentes estão, particularmente, indivíduos capazes de otimizar os elementos figurativos da gramática perceptiva humana. O sentido da experiência estética não deveria ser buscado, portanto, na simples estimulação (ou hiperestimulação) seletiva de determinadas áreas do córtex visual, mas nessa peculiar gramática utilizada pelos artistas na comunicação.

---

5   Richard E. Cytowic, *Synesthesia: A union of the senses*, Cambridge: MIT Press, 2002.

Rumo a uma teoria neural da arte?

A teoria neural da arte ainda dá seus primeiros passos. É plausível acreditar que, graças também aos novos métodos de imageamento cerebral, aspectos que hoje escapam a nosso conhecimento poderão ser logo desvelados em seus níveis mais profundos. Não podemos desconsiderar, por outro lado, que o receio de muitos – a ideia de que interpretando os objetos artísticos em termos neurobiológicos possamos tirar deles seu valor (destituindo-os de sua capacidade de nos causar prazer) – pesa bastante nesse âmbito de pesquisa. É evidente, todavia, que não é o conhecimento dos mecanismos e das funções neurais – que ainda assim nos faz apreciar as pinturas de Caravaggio, Turner ou Velázquez – que os torna menos maravilhosos.

Bem mais profícuo é discutir se a arte teria ou não função. E, admitindo-se que a tenha, se ela consistiria na necessidade de adquirir mais conhecimento do mundo circunstante ou, até mesmo, de simular a realidade, transcendendo-a ou deformando-a. A essa altura, é preciso perguntar-se se não seria necessário reconsiderar em novos termos a relação entre neurociências, arte e filosofia. Não somente a história da arte, mas também estudos de iconologia, antropologia e psicologia demonstram que a função da representação não pode ser identificada somente com um instrumento adicional de nosso conhecimento do mundo dos objetos.

Se, como já foi dito, o homem é um animal produtor de símbolos, a simbolização é um processo voltado a expressar alguma coisa. A possibilidade de interpretação do símbolo, todavia, não diz respeito a uma realidade exterior e material, mas a uma realidade interna e imaterial. Eis que, portanto, estamos no interior de um paradoxo perfeito: o símbolo dá corpo e essência àquilo que corpo e essência não têm. Por meio do símbolo, de fato, expressamos aqueles conteúdos indistintos que afloram à consciência e depois tomam parte, em formas diferentes, da esfera racional. É a consciência que restitui às coisas um sentido além da objetualidade. Em lugar de tratar diretamente com as coisas, o homem faz experiência delas, capta-as, decifra-as somente no diálogo constante consigo mesmo. Ele não se move em um mundo de objetos univocamente dados, de impulsos imediatos, mas, isto sim, vive, sente e reflete mergulhado numa densa atmosfera de emoções e imagens, de sentimentos e fantasias, de expectativas e esperanças. O homem é um animal simbólico, e o símbolo, como diz Jung, é corpo vivo e alma (a mais antiga e eficaz metáfora do símbolo).

Para além de sua notória origem, o termo símbolo – que remete etimologicamente aos movimentos de separação e reunião – carrega em si uma polaridade aparentemente derivável e outra etimologicamente inderivável. Em Freud, ele se encarrega de ocultar a verdade (unindo o conteúdo manifesto de um comportamento, de um pensamento etc. a seu sentido latente), ao passo que em Jung designa a natureza obscura do espírito (a sombra) em suas expressões polimorfas, mantendo constantemente viva a tensão dos contrários que está na base de nossa vida psíquica. Para além de si próprio, o símbolo remete a um sentido inefável, obscuramente apresentado, que nenhuma palavra expressa por completo.

Além disso, o símbolo desempenha a função de substituição, que faz transitar na consciência, de forma dissimulada, os conteúdos que de outro modo não teriam acesso a ela. Não é um artifício conceitual, mas uma realidade que detém poder real que – como se vê frequentemente em psicopatologia –, em alguns casos, até subverte a trama e a urdidura mentais (seria interessante, nesse sentido, um estudo entre arte e psicopatologia). A substituição implica também uma função mediadora que é uma verdadeira ponte entre os opostos, entre a realidade e o sonho, entre a natureza e a cultura, entre o inconsciente e a consciência.

O símbolo constitui, portanto, um fator de equilíbrio que exerce uma eficácia prática no plano dos valores e dos sentimentos; é uma força unificadora e um fator de integração pessoal, mas também exposto a um grave risco de desdobramento da personalidade, de fragmentação do *self*, de falsificação do passado; a cifra alegórica de um mistério, nunca desvelado de uma vez, mas sempre novamente a ser decifrado, como uma partitura musical, sempre com uma diferença entre sua linguagem metafórica e a coisa indicada, sempre como algo além do pensamento. O símbolo é um conceito esponja, um conceito simbiose, com o perigo de que a repleta irracionalidade de seu discurso transforme o *regime noturno* em *regime diurno*, e sua dupla sintaxe – tal como para os surrealistas – numa atividade que tudo permeia.

Se a indagação neuroestética não se detivesse a analisar os princípios e as regularidades da percepção e da fruição da obra, ou a esclarecer como e por que o artista se serve precisamente dos meios e da linguagem do cérebro visual, voltando-se, por assim dizer, no próprio ato expressivo, àquelas áreas altamente especializadas que evoluíram durante um período de milhões de anos mais longo do que aquele da linguagem; se a pesquisa neuroestética, ao contrário, se propusesse a apreender, mediante a linguagem do símbolo ou da tensão da metáfora, os elementos de compartilhamento de realidades psíquicas imateriais comuns a todos os homens – bem, então, talvez, pudéssemos colher e estabelecer não somente os códigos materiais compartilhados nas bases biológicas, mas conhecer elementos e aspectos da realidade psíquica por uma nova perspectiva: a da simbolização, que caracteriza tão profundamente o *Homo sapiens*.

Embora por mais de um século a psicologia e a psicanálise tenham indagado suas dinâmicas, o grandioso esforço de compreensão da simbolização parece agora desprovido de força vital. A neuroestética, em diálogo estreito com a neuropsicologia, se tornaria o instrumento privilegiado por estudos adicionais que poderiam entreabrir novos horizontes interpretativos para a investigação daqueles elementos do patrimônio simbólico comum que constituem o alfabeto das imagens, por meio do qual nos relacionamos, conosco e entre nós, desde sempre.

Scientific American Brasil, 2009

O fascínio ambíguo da memória*

A memória humana é uma faculdade maravilhosa e enganosa. Embora muitos a considerem um arquivo imutável de experiências e recordações, o que ela guarda não está esculpido em pedra. De fato, as lembranças tendem a desbotar com o tempo, deformando-se e indo ao encontro, mesmo em condições normais, de uma lenta decadência, de um esquecimento fisiológico. E não é raro que gerem em nós perturbadoras sensações de estranheza, fragmentação, não pertencimento e até recombinações ilusórias de imagens e informações que ocupam nossa mente como um caleidoscópio.

A memória e o esquecimento, a imutabilidade e a reestruturação das lembranças são aspectos tanto conflitantes quanto complementares de nossa mente. Essa ambiguidade tem valor evolutivo crucial. Se, de um lado, a memória desempenha função adaptativa fundamental para a espécie humana, de outro, sem a capacidade de esquecer não aprenderíamos nada novo, não corrigiríamos nossos erros, não inovaríamos velhos esquemas. Assim, é plausível afirmar que, enquanto a memória tende a preservar a história individual e coletiva, o esquecimento tende a ofuscar, progressivamente, as recordações infantis, os eventos do passado, os empreendimentos coletivos, as antigas lembranças. Não por acaso, os humanos erguem lápides e monumentos para se defenderem do esquecimento.

---

* Texto escrito com a colaboração de Alberto Oliverio.

Essa ambiguidade não se deve apenas à sua natureza vasta e heterogênea, mas também a suas relações intrincadas. A própria natureza polissêmica do termo memória – utilizado por biólogos, psicólogos, antropólogos e historiadores para se referirem a processos e situações muito diferentes entre si, ainda que unidos pelo elemento comum da "flecha do tempo" – dificulta o aparecimento de um significado compartilhado e de fronteiras conceituais bem definidas. A etimologia grega do termo – mneme e *anamnesis* – espelha uma clara distinção entre a memória como esfera essencialmente intacta e contínua e a reminiscência ou anamnese como exercício de presentificação das lembranças que o esquecimento vela. Em *Menon*, *Fedro* e outros diálogos, Platão afirma que todo conhecimento verdadeiro, todo aprendizado autêntico é, na verdade, anamnese, esforço para chamar de volta à mente o que havia sido esquecido.

Hoje, uma época de predomínio cultural do paradigma médico-biológico, a memória (*mneme*) é identificada como mecanismo cerebral puro, um arquivo das informações do sistema nervoso central; por seu lado, a reminiscência (*anamnesis*) é igualada a alguma coisa mais complexa e sutil do que o simples registro dos eventos. A reminiscência, de fato, implica uma reflexão sobre o passado, uma evocação das lembranças prazerosas ou dolorosas, sepultadas ou censuradas, que formam a essência de nossa individualidade. Mas, como é evidente, a disponibilidade do arquivo não coincide necessariamente com sua consulta e, portanto, a mera existência de uma lembrança, boa ou deficitária que seja, não se identifica com o princípio de identidade e de unicidade que decorre da individualidade de nossas recordações, conforme considera Oliverio[6]. Nos últimos anos, os neurocientistas descreveram meticulosamente as bases moleculares, os fenômenos sinápticos e as alterações dos circuitos nervosos da memória, tentando preencher – por métodos não invasivos e multiparamétricos das imagens cerebrais – as lacunas explicativas da pesquisa psicológica. O conhecimento detalhado dessas dimensões poderia parecer pouco relevante aos que veem a mente como um conjunto de vivências diferentes e de experiências privadas e indizíveis. Em diferentes situações ligadas a danos e alterações da função nervosa, no entanto, a interpretação neurobiológica é fundamental para a compreensão do que acontece em nossa mente, como são reestruturadas as lembranças, como se dá o esquecimento.

---

6   Alberto Oliverio, *La vita nascosta del cervello*, Florença: Giunti, 2009.

O fascínio ambíguo da memória

Psicobiologia da memória

Os primeiros estudos experimentais sobre a memória remontam à segunda metade do século XIX, quando o alemão Hermann Ebbinghaus[7] divulgou entre a comunidade científica um texto relatando experimentos sobre a memória e o esquecimento que realizara sobre si mesmo. Nessa obra, um verdadeiro marco da psicologia, ele mostrou a existência de uma curva do aprendizado e de uma curva do esquecimento. Ebbinghaus recorreu a um método – definido como *poupança* – que consistia em decorar diversas séries de listas que continham sílabas destituídas de sentido (ARB, DRE, MIR, NOT e assim por diante); o procedimento era repetido, mais de cem vezes, com uma lista diferente depois de vinte minutos, uma hora, nove horas, um dia e mais dias. O experimento demonstrou que, se entre a primeira e a nona hora havia uma queda rápida do que fora aprendido, à medida que o tempo passava, após o fim da prova, o processo de esquecimento se tornava mais lento: isto é, exatamente o oposto do que se dava com o processo de aprendizado.

Para um enquadramento psicobiológico da memória foi necessário esperar até meados do século passado, quando o neurofisiologista canadense Donald O. Hebb[8] formulou a hipótese do *duplo rastro*. Segundo essa hipótese, uma experiência altera um circuito nervoso responsável por uma codificação a curto prazo (de poucos segundos ou minutos de duração), modificando a atividade elétrica de alguns neurônios capazes de codificar a informação de maneira precária, instável. A esse tipo de codificação segue-se outra, estável, a memória de longo prazo (de meses ou anos de duração), ligada a modificações estruturais duradouras dos neurônios ou dos circuitos nervosos (consolidação da memória). De acordo com Hebb, os dois tipos de memória correspondem a modificações funcionais das sinapses nervosas (memória de curto prazo) e a modificações estruturais ou permanentes das sinapses nervosas e dos neurônios (memória de longo prazo). A hipótese postulada por ele, há aproximadamente meio século, sobre a plasticidade funcional ou estrutural neuronal e sináptica – que implica reestruturação de escala das redes nervosas – recebeu inúmeras confirmações experimentais.

---

7   Hermann Ebbinghaus, *Über das Gedächtnis: Untersuchungen zur experimentellen Psychologie*, Leipzig: Duncker & Humbolt, 1885.
8   Donald O. Hebb, *The organization of behaviors; a neuropsychological theory*, New York: Wiley, 1949.

Uma das mais importantes referências ao modelo hebbiano está relacionada a pesquisas sobre as bases neurobiológicas da memória, em boa parte fundamentadas na análise das alterações da atividade elétrica neuronal e sináptica: particularmente da denominada *potencialização de longo prazo* (LTP, na sigla em inglês) da atividade elétrica das sinapses nervosas. Durante a LTP, em decorrência de um estímulo especialmente intenso ou repetido ao longo do tempo, uma sinapse potencializa seu nível de resposta, incrementando sua eficiência em até duas vezes e meia. Esse incremento da atividade elétrica sináptica se desenvolve em poucos minutos após o estímulo inicial e permanece relativamente estável por um bom tempo; em determinadas condições, por várias semanas. Na essência, quando um estímulo significativo é recebido por um neurônio, como no caso dos estímulos que se seguem repetidamente durante o condicionamento, pode-se verificar um aumento da eficiência das sinapses. Com o tempo, aliás, podem formar-se outras sinapses que contribuem para conectar os neurônios em um novo circuito – o chamado circuito local – que codifica uma experiência ou memória específica. Portanto, de uma alteração funcional inicial (a atividade elétrica vinculada a modificações dos íons, entre eles o cálcio) os neurônios vão em direção a modificações estruturais provocadas pelas alterações de algumas enzimas e pela síntese de proteínas que alteram o esqueleto dos neurônios, estimulando a formação de sinapses que se soldam entre si. As variações do circuito nervoso permitem registrar a informação no interior de redes neurais.

A reestruturação das redes nervosas que se segue à experiência é o fundamento de uma teoria da mente – ou do cérebro – conhecida pelo nome de *conexionismo*. Segundo esse modelo, a mente dependeria da existência de redes que se auto-organizam, pois cada unidade da rede (os neurônios) se caracteriza por um nível numérico de atividade que muda, com o tempo, em função da atividade das unidades às quais está conectada e pela força das conexões ou nós. Na origem do aprendizado haveria essas mudanças. Para os conexionistas, o cérebro se adaptaria ao ambiente por meio da rede (ou circuito local), espelhando suas características salientes graças a variações sinápticas.

Do ponto de vista empírico, o neurocientista americano Erik Kandel[9] demonstrou que nos invertebrados, como nos vertebrados superiores, o re-

---

9   Erik Kandel, *In search of memory. The emergence of a new science of mind*, New York: W. W. Norton & Co., 2007.

gistro de uma experiência está correlacionado aos mecanismos da LTP e da formação de sinapses. Essas evidências foram obtidas pelos experimentos que Kandel realizou com lesmas-do-mar do gênero *Aplysia californica*. Esse molusco reage ao estímulo tátil (um fino jato de água) retraindo a brânquia, numa conduta de autoproteção explícita que se extingue se os jatos de água continuam no mesmo ritmo. O acostumar-se da *Aplysia* dura o tempo em que se dá a mudança no âmbito dos circuitos nervosos. De fato, as sinapses entre o neurônio sensitivo (que reage ao estímulo tátil) e o motor (que ativa os músculos da brânquia) se tornam mais estáveis e se comunicam mais facilmente através dos mensageiros nervosos para a consolidação da experiência. Esses experimentos, que deflagraram diferentes pesquisas com outras espécies animais, incluindo os mamíferos, indicam que a consolidação de uma experiência se baseia em mecanismos similares e que, nos mamíferos, as experiências são consolidadas graças a modificações bioelétricas que envolvem o hipocampo, estrutura do sistema límbico funcionalmente ligada ao córtex temporal e que vai em direção às LTPs em diferentes fases da memorização.

O papel da amígdala e do hipocampo

Até aqui consideramos a memória sem examinar a influência das emoções em suas esferas psicológicas. Os processos emotivos influenciam e modulam profundamente a biologia da memória. Na verdade, provocam inúmeras modificações vegetativas somáticas, cuja tarefa não é apenas informar o cérebro de que o corpo está emocionado – conferindo precisos matizes a determinadas experiências –, mas também consolidar as experiências. Pensemos, em relação a isso, no papel exercido pelas endorfinas (peptídeos de ação analgésica similares à morfina, que o cérebro libera em resposta a estímulos de dor ou emotivos) ao alterar a função dos mediadores nervosos que modificam a atividade das sinapses nas redes dos neurônios que registram as experiências.

As emoções intervêm tanto diretamente nos mecanismos da memória, agindo na bioquímica cerebral, quanto indiretamente, por mensagens que o corpo emocionado envia ao cérebro. Trata-se de evidência já consolidada que a memorização é potencializada nos animais submetidos a experiências ricas em componentes emocionais, pois os nervos (as fibras do nervo vago) indicam ao cérebro a liberação, em âmbito periférico, de substâncias típicas dos estados emocionais, como a adrenalina, secretada pelas glândulas suprarrenais. Nesse sentido, a biologia da memória diz respeito não apenas aos fenômenos neurobiológicos que asseguram a codificação de curto ou longo prazo das experiências, mas também à modulação exercida pelas estruturas nervosas e moléculas vinculadas à emoção.

As relações entre emoção e fatores cognitivos mostram o quanto são complexos os sistemas neurobiológicos responsáveis pelas diferentes dimensões da memória. Há quase meio século, o neurocirurgião americano William Scoville e a neurocientista inglesa Brenda Milner[10] descreveram o caso clínico de um paciente – designado pelas iniciais de seu nome, HM – que, desde o nascimento, padecia de uma grave forma de epilepsia que tornava sua vida bastante penosa. O procedimento neurocirúrgico para remover o tecido nervoso que causava as convulsões teve sucesso. As capacidades de percepção de eventos, de raciocínio, de fala e de recordar os eventos mais recentes foram conservadas, assim como a memória semântica, apenas parcialmente alterada. Por outro lado, não estava íntegra a capacidade de evocar tanto os eventos anteriores à cirurgia quanto os seguintes a esse procedimento. Tratava-se de uma amnésia episódica tanto retrógrada (o passado) quanto anterógrada (experiências seguintes).

A situação de HM, no entanto, era estranha. As lacunas de sua memória não diziam respeito a sua vida inteira, mas apenas aos anos mais recentes, aproximadamente uma dezena deles. Os déficits da memória infantil e do início da adolescência eram muito menos relevantes. A singularidade do caso HM induziu os neuropsicólogos a refletir: se a sede da memória fosse a região temporal média, sua ablação cirúrgica teria inibido a formação de novas lembranças, e também apagaria todas as lembranças do passado. HM, porém, guardava as lembranças mais antigas, as consolidadas, distribuídas nos circuitos corticais: isto é, aquelas que – após horas, meses ou até mesmo anos – a região temporal média (hipocampo, amígdala e córtex temporal) codifica em experiências, decompõe em categorias, conota com base em seu significado e, enfim, distribui nas várias regiões do córtex cerebral.

---

10   William Beecher Scoville; Brenda Milner, "Loss of recent memory after bilateral hippocampal lesions". *Journal of Neurology, Neurosurgery and Psychiatry*. London: 1965, vol. 20, pp. 11-21.

Em decorrência dos estudos sobre HM e sobre as relações entre hipocampo, lobo temporal e memória, as pesquisas passaram a examinar as estruturas nervosas que, se prejudicadas, provocam amnésia. Esses estudos demonstraram que a região temporal está vinculada ao sistema límbico (amígdala e hipocampo), e este ao diencéfalo (tálamo), através do fórnix, ou seja, região temporal, sistema límbico e tálamo formam uma espécie de circuito da memória do qual faz parte, obviamente, todo o córtex cerebral, em conexão com o temporal. Todas essas estruturas nervosas estão envolvidas na chamada memória explícita, que implica um reconhecimento consciente das experiências de vida. De fato, sensações e experiências, para ser transformadas em memórias explícitas, devem atravessar uma espécie de funil, a região temporal, e daí, passando pelo hipocampo e pela amígdala (em que são conotadas por características espaciais e emotivas, entre outras), alcançar o diencéfalo, onde as experiências são reunidas e registradas sob forma de memórias estáveis nos circuitos cerebrais. Esse circuito córtex temporal-hipocampo-diencéfalo permite conectar as diferentes experiências da vida diária (sensações, imagens mentais, emoções, avaliações e juízos de realidade) para transformá-las em memória episódica, em eventos de nossa história individual. Trata-se de estruturas que desempenham papel também na memória semântica, como quando aprendemos nomes novos, registramos estavelmente números de telefones e aprendemos novos vocábulos. Por isso, conforme a amplitude da lesão nervosa, os pacientes amnésicos têm dificuldade não apenas para formar novas lembranças ou acessar recordações existentes, mas também para apreender novas experiências.

Nos últimos anos, o estudo da função dos núcleos subcorticais – entre os quais o conjunto do estriado (caudado e putâmen) e o núcleo *accumbens* – solicitou um modelo de memória mais complexo, que integra seus diferentes componentes cognitivos, emocionais, motivacionais. É coisa notória, aliás, que lembramos os eventos emotivamente significativos e que a motivação e o reforço têm papel central no aprendizado. A interface entre funções cognitivas, motoras e motivacionais é o estriado ventral. Ele está no centro tanto dos comportamentos "motivados", voltados a uma finalidade, como do tratamento de informações que dizem respeito ao contexto, fundamentadas em associações complexas entre estímulos diferentes.

No âmbito dessa rede funcional, o hipocampo desempenharia a função de monitoramento do ambiente exterior, correlacionando entre si velhas e novas informações, como as antigas e recentes memórias espaciais; a amígdala estaria envolvida na regulação das respostas emotivas e, portanto, dos novos estímulos; enfim, o córtex pré-frontal estaria envolvido no planejamento das respostas. Essa hipótese é corroborada por inúmeros resultados experimentais que mostram que o bloqueio das vias que alcançam o estriado ventral a partir do córtex pré-frontal ou do hipocampo inibe a formação e a elaboração de associações entre informações não reforçadas (associações estímulo-estímulo), essenciais nos processos cognitivos complexos; enquanto lesões do núcleo basal lateral da amígdala, ou das vias que partem daí para o estriado, induzem a um déficit da resposta normal aos novos estímulos e das respostas emotivas.

Fidelidade e infidelidade da memória

Como foi observado, a memória vai ao encontro do esquecimento, evolui no tempo, se reestrutura e é influenciada por outras experiências e lembranças. Essa mutabilidade foi confirmada essencialmente por duas linhas de pesquisa: uma experimental, a outra, clínica. A primeira valeu-se das pesquisas de Larry R. Squire[11] sobre os efeitos negativos do eletrochoque (tratamento ainda utilizado pelos psiquiatras nos casos de depressão grave e resistente aos psicofármacos) na memória humana e animal. O neurocientista americano observou que o eletrochoque aplicado logo após uma experiência – antes que a memória de curto prazo se consolide na de longo prazo – provoca uma amnésia retrógrada: ou seja, devido à interferência do eletrochoque nos mecanismos de consolidação da memória, apaga-se a lembrança daquela experiência. Ainda assim, o eletrochoque influi não apenas no processo de consolidação da memória; age também nas memórias consolidadas, contrariando a opinião dos que por muito tempo afirmaram que, uma vez consolidada, a memória já não estaria exposta a qualquer condicionamento. A eliminação por eletrochoque de parte das lembranças consolidadas, mesmo após meses – na esfera tanto das lembranças associativas quanto das lembranças cognitivas –, indica que a memória é passível de remanejamentos e reelaborações.

---

11   Larry R. Squire, *Memory and brain*, New York: Oxford University Press, 1987.

Na verdade, mais que de *consolidação* da memória fala-se hoje de *reconsolidação*: um processo contínuo de reorganização da memória, nada objetivo. A *reconsolidação* é considerada um meio para integrar as coisas novas aprendidas nas experiências anteriores, sujeitas a reestruturações tanto nas formas mais simples do condicionamento animal quanto nas mais complexas memórias autobiográficas.

Da mutabilidade das lembranças ao longo do tempo também são testemunhas as análises de pesquisas de tipo longitudinal, baseadas em autobiografias, coletadas à distância de dois, cinco e dez anos pela psicóloga Marigold Linton (1986). A partir de 1972, a psicóloga americana começou a anotar de forma concisa, utilizando sempre o mesmo "módulo" de diário (aproximadamente três linhas), diversos eventos cotidianos. Dia após dia anotava os acontecimentos, uniformizando a extensão dos registros por meio das habituais três linhas, para evitar que desse um espaço diferente às diversas lembranças, facilitando assim gravar algumas em lugar de outras. Margareth transcrevia pelo menos dois eventos por dia, e, uma vez por mês, puxava ao acaso as fichas relativas a dois fatos, tornava a lê-las, procurava estabelecer suas datas e evocá-los. Na hora da transcrição e da releitura, os acontecimentos eram avaliados também nos termos de sua relevância, das emoções envolvidas, dos significados e assim por diante. Por meio desse procedimento meticuloso, tendo a si mesma como sujeito e objeto do experimento, Margareth chegou a estabelecer que as lembranças vão ao encontro do esquecimento no ritmo de aproximadamente 5% a 6% ao ano. Esse ritmo implicaria o desaparecimento de cerca da metade das lembranças de eventos específicos, se esses casos não fossem incluídos no âmbito mais vasto do sistema da memória autobiográfica, relativa aos fatos de caráter geral ou aos períodos de nossa vida: de fato, cada um dos tijolos com que são construídos esses recipientes mais amplos pode desagregar, ao passo que, ao contrário, a percepção do fluxo das lembranças e de seu significado global permanece.

Em resumo, a persistência de lembranças ou experiências que cada qual considera como marcos da própria vida não é nada estável. O mesmo evento é narrado de maneira diferente, os detalhes e até mesmo seu significado mudam, como se a memória, em lugar de corresponder a uma fotografia precisa da realidade, fosse um pedaço de massa de modelagem, que vai gradualmente mudando de forma.

Scientific American Brasil, 2012

Psicobiologia e guerra

O comportamento agressivo individual e entre grupos é uma das dimensões das interações humanas que contribuem para determinar a identidade social, os limites simbólicos e as fronteiras territoriais. Embora não seja programado geneticamente, esse comportamento é parte importante dos meios de evolução do homem e se manifesta de diferentes formas na interação de indivíduos da mesma espécie ou de espécies diferentes – por exemplo, na luta, competição, fuga, hostilidade, submissão, entre outras.

Os correspondentes emocionais desses comportamentos são reações de medo, ameaça e raiva, que ativam uma ampla série de respostas viscerais e humorais mediadas pelo sistema nervoso simpático e parassimpático. Essas respostas podem ser mais facilmente interpretadas em mamíferos como gatos e cachorros e em primatas não humanos. Isso foi evidenciado com acuidade e sistematicidade por Darwin, em sua famosa obra *A expressão das emoções no homem e nos animais*, na qual o grande naturalista inglês comparou as diversas expressões faciais – particularmente os movimentos dos músculos e a postura da cabeça nos animais e no homem – com a finalidade de esclarecer a natureza das respostas e dos efeitos emocionais e somáticos da raiva e do medo, entre outros.

Entretanto, observar comportamentos num ambiente natural é muito diferente de observá-los no laboratório. Com efeito, se em circunstâncias naturais – isto é, na presença de sinais ambientais conhecidos e de comportamento combativo com indivíduos da mesma espécie – o animal pode subtrair-se da agressividade com a fuga, no laboratório os animais se enfrentam sem possibilidade de fuga, o que torna a situação um tanto artificial. Em outros termos, as condições anormais que induzem agressividade em laboratório (isolamento compulsório, administração de choques elétricos etc.) alteram sensivelmente os dados experimentais, tornando-os pouco confiáveis. Todavia, apesar dessas grandes limitações heurísticas, os modelos experimentais de laboratório podem fornecer elementos significativos para a compreensão das bases neurofisiológicas e dos "equivalentes emocionais" dos comportamentos competitivos, ajudando a esclarecer como algumas condições ambientais evocam respostas anormais que podem culminar em comportamentos agressivos.

Não há definição clara capaz de abarcar a vasta gama de comportamentos agressivos no animal e no homem. Se para o mundo animal podemos definir como agressivo qualquer comportamento que vise prejudicar ou ofender outros membros da mesma espécie, para o mundo humano é bastante difícil especificar que comportamentos poderiam ser classificados como agressivos e violentos, e, sobretudo, em que situações um comportamento poderia ser interpretado como forma de oposição, de defesa ou de protesto. Além disso, os comportamentos agressivos do homem muitas vezes assumem características simbólicas extremamente sofisticadas, expressões permeadas por elementos da cultura ou explicitamente violentas no plano psíquico.

Biologia da agressividade

No plano neurobiológico, a violência e a agressividade estão associadas à ativação de algumas estruturas subcorticais no cérebro e também do sistema nervoso autônomo, que controla os demais órgãos internos do organismo (visceral autônomo), ao passo que a violência culturalizada (não menos destrutiva) baseia-se predominantemente em estruturas corticais. Na realidade, os fatores que determinam a violência e a agressividade não são apenas neurobiológicos e individuais, mas também coletivos e socioculturais – falaremos deles mais adiante.

Em geral, o reconhecimento e a elaboração das mensagens de alarme que anunciam e prenunciam atos violentos são efetuados por estruturas complexas como o córtex pré-frontal, a amígdala, o hipocampo, o córtex cingulado anterior e outras áreas cerebrais específicas. Parece, no entanto, que os correlatos neurobiológicos da agressividade se encontram no sistema límbico e no tronco encefálico. Por exemplo, diversos estudos demonstraram que estimulações elétricas leves no sistema límbico de ratos levam-nos a ataques violentos contra animais próximos. Além disso, pesquisas sobre a influência do sistema neuroendócrino identificaram a testosterona (principal hormônio responsável pelas características masculinas) como importante modulador dos comportamentos agressivos, o que também explicaria, segundo alguns pesquisadores, a maior agressividade do homem, visto que, na mulher, os níveis de testosterona são bem mais baixos. Além disso, taxas de testosterona mais altas foram encontradas em mulheres particularmente agressivas. Porém, a relação causal entre testosterona e agressividade não está clara. Não se sabe se a agressividade poderia induzir altos níveis de testosterona e vice-versa. Este é mais um exemplo de circularidade inextricável, que ocorre com frequência, entre a psicologia e a biologia. Em todo caso, pesquisas recentes deixam em aberto a possível influência, mesmo que indireta, de fatores genéticos sobre a agressividade e sua relação com problemas no desenvolvimento cognitivo – por exemplo, déficit de atenção –, que podem resultar em condutas antissociais, como demonstrou o neurologista português António Damásio[12].

Em 1938, em um estudo histórico, os norte-americanos Heinrich Klüver e Paul Bucy[13] descobriram que a retirada cirúrgica da amígdala reduzia a agressividade e a hostilidade em animais e pacientes psiquiátricos violentos. Isso indica a existência de centros que exercem efeito inibidor e excitante da agressividade, localizados no hipotálamo, no núcleo caudado, no septo e na amígdala, tanto no animal quanto no homem. Em um experimento famoso, realizado em 1965, José Delgado[14] demonstrou que a estimulação

---

12 António Damásio. "Neural basis for sociopathy". *Archives of General Psychiatry*. Chicago: 2000, vol. 57, n. 2, pp. 128-129.
13 Heinrich Klüver; Paul Bucy. "An analysis of certain effects of bilateral temporal lobectomy in the rhesus monkey, with special reference to psychic blindness". *The Journal of Psychology*. Chicago: 1938, pp. 33-58.
14 José Delgado. "Evolution of physical control of the brain. The James Arthur lecture on the evolution of the human brain". *American Museum of Natural History*. New York: 1965, n° 34.

elétrica à distância dos centros inibidores cerebrais é eficaz a ponto de parar abruptamente o ataque de um touro. Por outro lado, alterações do sistema límbico (estrutura cerebral arcaica que recebe impulsos inibidores das regiões neocorticais) podem estar na base do comportamento fortemente violento de alguns indivíduos. Essa sintomatologia configuraria a síndrome do descontrole, cuja origem seria uma patologia cerebral não especificada.

Apesar dessas evidências, estudos atuais indicam relações mais complexas entre a agressividade e o funcionamento do cérebro. A antiga concepção que atribuía a regulação de funções a áreas específicas do cérebro, ou a um grupo isolado de neurônios, é claramente insuficiente à luz das mais recentes pesquisas neurofisiológicas. Parece muito mais plausível supor a existência de circuitos funcionais, constituídos por vias e áreas nervosas diferentes, que contribuem para a regulação de funções específicas. Todavia, embora a realidade seja mais intrincada do que julgavam os estudiosos que empreenderam as primeiras pesquisas nessa área, questionar a existência de centros específicos da agressividade não implica necessariamente excluir a ação de circuitos nervosos mais específicos em algumas formas de agressividade. Pesquisadores que usam ressonância magnética nuclear funcional (FMNR, na sigla em inglês), tomografia computadorizada por emissão de fóton único (Spect, na sigla em inglês) e tomografia por emissão de pósitrons (PET, na sigla em inglês) orientam as pesquisas para a identificação de circuitos cerebrais responsáveis pela agressividade.

Entre a natureza e a cultura

Avaliar a importância relativa dos fatores inatos, por um lado, e dos fatores motivacionais e ambientais, por outro, é uma questão decisiva na análise da agressividade humana. É necessário perguntar, com efeito, se a agressividade deve ser considerada um comportamento instintivo, que é parte da natureza animal, ou um comportamento dependente de outros fatores, como a motivação, a frustração, a imitação e a aprendizagem. Com base nas teorias instintuais, entre elas a psicanálise, o comportamento agressivo vive de dinâmicas espontâneas, ou seja, cargas de agressividade se acumulam lentamente no organismo até alcançar níveis-limite que permitem uma descarga por meio de uma ação agressiva.

Para Konrad Lorenz[15], o pai da etologia, a agressividade pode ser comparada a qualquer outro instinto, uma vez que entra em ação por meio de comportamentos estereotipados, é motivada por um impulso interno e é desencadeada por estímulos específicos. Ora, o que ocorre se a tensão interna aumenta sem que um impulso alimentar, sexual ou agressivo seja satisfeito por falta de um estímulo desencadeador ou porque ele é obstaculizado? É provável que o impulso aumente a um nível tal que qualquer estímulo não específico provoque sua descarga ou que, na falta de estímulos ambientais, aquele impulso se manifeste em formas e expressões agressivas não reativas.

Qual é, então, o significado da agressividade intraespecífica? Em termos evolutivos, ela poderia significar vantagens na posse de território, na seleção sexual, na autodefesa, no cuidado com a prole e assim por diante. Para os etólogos, a agressividade estaria submetida ao controle de mecanismos inibidores, de modo a não se tornar disfuncional ou perigosa para a espécie. Em 1941, John Dollard[16] e outros estudiosos, após examinarem uma ampla variedade de casos de aversão e frustração derivadas da inibição de respostas orientadas por uma finalidade, destacaram a importância das situações reativas e frustrantes na gênese dos comportamentos agressivos do homem.

Todavia, é preciso perguntar de que tipo e de que natureza são as relações entre frustração e agressividade. Reage-se de modo agressivo em decorrência de frustrações ou as frustrações têm dinâmicas motivacionais autônomas? Parece mais plausível aceitar a segunda hipótese e atribuir ao estado emocional gerado pela frustração a motivação necessária para produzir o comportamento agressivo. A emotividade – função adaptativa determinada pelas estruturas sociais – é o terreno necessário para a passagem da frustração à agressividade.

Além dos aspectos naturais, foram investigadas também as determinantes culturais da agressividade. Mas nesse ponto as coisas não parecem fáceis. Diversas pesquisas realizadas com gêmeos e crianças adotadas, com o objetivo de avaliar a predominância da conduta agressiva, não produziram resultados claros e coerentes. A investigação do ambiente social, no entanto, evidenciou que a pobreza, a superlotação das periferias metropolitanas, a ausência de espaços para qualquer forma de atividade recreativa e a falta de

---

15 Konrad Lorenz, *The foundations of ethology*, New York: Springs, 1981.
16 John Dollard, *Frustrazione e aggressività*, Firenze: Giunti, 2011.

higiene geram uma sensação de abandono e desespero que pode provocar comportamentos agressivos como instrumento de evasão e desforra social. Papel semelhante é desempenhado por crises econômicas, guerras, fome, doenças, que podem estar relacionadas a fenômenos ainda mais evidentes de criminalidade.

Prazer frustrado

Sigmund Freud, que num primeiro momento considerou as condutas agressivas uma reação à busca frustrada do prazer – como, no recém-nascido ao qual é negada a satisfação de uma necessidade que abranda a tensão, de outro modo insustentável –, formulou a teoria da pulsão de morte (Tânatos), antagonista do instinto de vida (Eros). Nesse esquema, ao instinto de morte, que aproxima o indivíduo do estado inorgânico, opõe-se o amor, ou Eros, com seu impulso vital. Segundo esse modelo, o comportamento agressivo teria, por um lado, o objetivo de dirigir essa força para fora do organismo, para que não se torne autodestrutivo, e, por outro, o de reduzir o estado de tensão pulsional.

Freud nunca deixou de considerar a agressividade como característica essencial do homem, desde o início dos tempos. Em carta dirigida a Einstein, ele escreve:

> Inicialmente, numa pequena horda humana, a maior força muscular decidiu a quem teria de pertencer alguma coisa ou a vontade de quem haveria de realizá-la. Logo à força muscular junta-se, ou a substitui, o uso de certos instrumentos; vence quem possui as melhores armas, ou quem as utiliza com maior destreza. Com a introdução das armas, a superioridade intelectual já começa a tomar o lugar da força muscular bruta, embora o objetivo final da luta permaneça o mesmo: uma das duas partes, por causa do prejuízo que sofre e do enfraquecimento de suas forças, é obrigada a desistir das próprias reivindicações ou oposições. Isto se obtém do modo mais radical quando a violência tira definitivamente o adversário do caminho, isto é, o mata[17].

---

17 Sigmund Freud, "Lettera a Einstein del settembre 1932", *Opere*, vol. XI, Torino: Boringhieri, 1966-1978, p. 293.

Na perspectiva de Freud, a guerra revela o homem primitivo que vive em nós, aquele que nos obriga a ser heróis, impede-nos de aceitar com serenidade a morte, transforma o estrangeiro em inimigo a ser eliminado. Essa *desrealização* da morte, essa alteração na percepção da realidade que a faz parecer estranha ou irreal, contrasta com a elaboração positiva do luto, do qual nascem os sentimentos genuinamente humanos. Em dezembro de 1914, nos alvores da Primeira Guerra Mundial, em carta ao amigo psiquiatra holandês Frederik van Eeden, publicada em 17 de janeiro de 1915 na revista *The Amsterdammer*, Freud escreve:

> Prezado colega, sob a influência desta guerra permito-me recordar-lhe duas assertivas que a psicanálise introduziu e que decerto contribuíram para torná-la impopular junto ao público. Do estudo dos sonhos e dos atos falhos das pessoas sadias, e também dos sintomas neuróticos, a psicanálise tirou a conclusão de que os impulsos primitivos, selvagens e maus da humanidade não desapareceram de maneira alguma, mas continuam vivendo, ainda que recalcados, no inconsciente de cada pessoa, esperando a oportunidade de reativar-se. A psicanálise, além disso, ensinou-nos que nosso intelecto é algo frágil e dependente, jogo e instrumento de nossas pulsões e de nossos afetos, e que somos obrigados a agir ora com inteligência, ora com estupidez, conforme o querer de nossas atitudes íntimas e de nossas íntimas resistências. Pois bem, veja o que está acontecendo nesta guerra, veja as crueldades e as injustiças das quais se tornam responsáveis as nações mais civilizadas, a má-fé com que se comportam diante de suas próprias mentiras e iniquidades; e observe, enfim, como todos perderam a capacidade de julgar com retidão: *é forçoso* admitir que ambas as assertivas da psicanálise eram exatas[18].

Freud vislumbra no homem impulsos destrutivos primários prontos a reaflorar quando falham as ligações afetivas da comunidade. De resto, a natural propensão gregária da maioria dos homens supera a improvável submissão de suas pulsões à razão. Para ele, a salvação reside no (frágil) proces-

---

18 Sigmund Freud, "Lettera allo psichiatra olandese F. van Eeden, 17/1/1915", *Opere*, vol. XI, Torino: Boringhieri, 1966-1978, p. 121.

so de civilização. Claro, as pulsões de morte não são neutralizáveis pelas pulsões de vida; aliás, uma interiorização excessiva, em outras palavras, uma intensa incorporação inconsciente das pulsões destrutivas não é desejável. Não obstante, para Freud, uma civilização deve ter em máxima consideração a potencialização do intelecto e a interiorização da agressividade, com todas as vantagens e os perigos que daí derivam. A guerra se contrapõe a todas as conquistas psicológicas alcançadas por meio da civilização. E é por isso que tudo o que favorece o ato de civilizar age também contra a guerra.

Agressividade (in)essencial

Se a agressividade é um fenômeno biológico, individual e interno ao grupo, a guerra é antes um fenômeno da evolução cultural. Na guerra, de fato, sobre as determinantes biológicas – que representam no homem também um freio à destrutividade – predominam condicionamentos culturais que impõem o matar. Todavia, ao contrário da guerra, a agressividade é indispensável à sobrevivência, à evolução, às funções adaptativas, ao crescimento psicológico da criança: esta, de fato, tem de explorar o ambiente, avaliar a si mesma, descobrir o que lhe é permitido.

O etólogo austríaco Irenäus Eibl-Eibesfeld escreveu:

> [...] não foi a agressividade que se desenvolveu tendo por objetivo a constituição de uma hierarquia de classes; esta é que se desenvolveu como um mecanismo para dar conta da agressividade interna do grupo, agressividade que, de outros pontos de vista, é vantajosa[19].

Para Eibl-Eibesfeld, a natureza da guerra é cultural, ao passo que a agressividade é um impulso inato: podemos orientá-lo em direção à evolução bem como à autodestrutividade. O que impede o homem de guerrear são algumas questões críticas do sistema antrópico, como o crescimento demográfico, a devastação do ambiente, a destruição da biodiversidade, a competição violenta entre os homens, a ameaça de destruição em massa, a recusa violenta da tradição, o doutrinamento exasperado.

---

19 Irenäus Eibl-Eibesfeld, *Etologia della guerra*, Torino: Boringhieri, 1999, p. 238.

No curso da filogênese, todos os grandes predadores tiveram de desenvolver forte inibição ao uso das próprias armas naturais contra os membros da mesma espécie, sob pena de extinção. Essa inibição, forte e sistemática, é praticamente ausente no homem, desprovido, como é, de armas naturais que lhe permitam matar rapidamente uma grande presa. Em outras palavras, na história do homem faltou uma pressão seletiva que solicitasse o nascimento de mecanismos inibidores da matança de indivíduos da mesma espécie. Somente a invenção de armas artificiais conseguiu inverter esse equilíbrio entre a capacidade de matar e as inibições sociais. Foi assim que a violência com armas que atingem de longe e de maneira anônima proliferou sem nenhum freio. Ao longo da história, valores éticos como a tolerância, a solidariedade e a fraternidade não conseguiram mitigar a destrutividade humana desencadeada por instintos arcaicos como a defesa do próprio grupo e do próprio território contra qualquer ameaça e agressão. Quando, por mutação cultural, os mecanismos inibidores enfraquecem, o conflito entre os grupos transforma-se em guerra. Assim, se de um lado a agressividade individual entre os membros de um grupo é modulada por adaptações filogenéticas para evitar a intensificação destruidora, de outro, a agressividade entre os grupos se expressa por meio do ferimento ou da matança dos inimigos com o uso de armas.

A guerra moderna, porém, não se realiza apenas com o uso de armas rápidas que matam à distância. Também faz uso de uma doutrinação voltada a desclassificar o inimigo, a encará-lo como raça inferior. Isso demonstra como a agressividade entre os grupos se transformou num produto da evolução cultural, embora mobilize tendências inatas. Com efeito, a guerra moderna baseia-se inteiramente na organização e na disciplina. Nela, o uso de armas que matam rapidamente permite eliminar o inimigo antes que ele envie sinais ou apelos capazes de inibir a agressividade. Para prevenir tais apelos, introjeta-se nos combatentes a imagem do inimigo como uma presa, uma caça ou um ser inferior. A finalidade é eludir as inibições à agressividade culturalmente mediadas, que poderiam neutralizar o pleno desdobramento do impulso para a guerra. Nos embates ocorridos a curta distância, em especial, os homens poderiam perceber sinais de submissão e apelos, capazes de induzir sentimentos de compaixão e, por conseguinte, frear comportamentos hostis.

Freud formulou a hipótese de que os mecanismos de inibição da agressividade para com os semelhantes têm fundamento psicobiológico. A partir de uma comparação etnográfica, ele observou que, em diferentes populações primitivas, os guerreiros que matavam seus semelhantes eram considerados imediatamente impuros e tinham de cumprir ritos específicos de purificação para ser reinseridos em sua sociedade. Segundo Freud, todos esses ritos deixavam perceber que, além dos impulsos hostis no comportamento com o inimigo, havia outros impulsos, como arrependimento, estima e até remorso por tê-lo matado, como se o mandamento religioso "não matarás" fosse válido para os guerreiros também.

Nas tribos nilóticas da Etiópia, os sentimentos que animam um guerreiro vencedor são representados, como em outras culturas, por uma mistura de culpa e orgulho pela ação realizada. De um lado, pela admiração por parte do grupo a que pertence; de outro, pelo medo dos espíritos dos mortos e da vingança de seu grupo. O guerreiro que matou é obrigado a isolar-se numa choupana, enquanto as mulheres dançam à sua volta para propiciar seu renascimento numa vida social normal. Em certos casos, o vencedor chega a assumir o nome do vencido, que, desse modo, se faz reviver simbolicamente. Em *Etologia da guerra*, Eibl-Eibesfeld relatou um notável volume de exemplos que indicam que a inibição para matar é inata. Além disso, ele demonstrou que a essa inibição se sobrepõem impulsos para matar inimigos que, apesar de fortemente culturalizados, são incapazes de anular o filtro das normas biológicas.

Nos conflitos tradicionais, nos quais prevalece o contato direto, um soldado não pode ignorar a natureza humana do adversário. Não raro, isso provoca um conflito interior, uma espécie de remorso, de "dor na consciência". Por esse motivo, no início de um conflito, quando a inibição à matança ainda está muito presente, adotam-se, para superá-la, por meio da *psicologização do conflito,* estratégias voltadas a desumanizar o inimigo e impedir qualquer contato interpessoal. A proibição de falar com pessoas da tribo inimiga, que vigora em diversas populações primitivas, ou as estratégias mais sofisticadas dos governos atuais, que buscam separar as operações de guerra do controle da consciência com normas que visam a "não fraternização", como o uso de armas à distância, a proibição de ouvir a rádio inimiga e assim por diante, ilustram a técnica do distanciamento.

Durante a Primeira Guerra Mundial, registraram-se inúmeros episódios de confraternização entre soldados de exércitos inimigos, os quais podiam pôr em risco os objetivos da guerra caso o ódio organizado viesse a faltar.

Isso diz muito sobre a ambiguidade do comportamento humano: por um lado, os soldados se arremessam uns contra os outros, pondo em campo todas as pulsões destrutivas da luta, quer inatas, quer suscitadas pela doutrinação; por outro, entram em conflito consigo quando, num confronto corpo a corpo, levam a cabo, pessoalmente, o homicídio.

Psicologização e "guerra total"

A guerra como conflito armado entre grupos é tão antiga quanto o homem. Entretanto, em tempos pré-históricos os homens se enfrentavam com utensílios rudimentares para conquistar territórios de caça e de colheita, limitando-se a incursões repentinas que visavam a surpreender o adversário e eram muito semelhantes à tática de caça. Atualmente, os exércitos se enfrentam numa espécie de "guerra total". Como instrumento de política internacional, a guerra tem a finalidade de subjugar o inimigo. Alguns estudiosos chegaram até a defini-la como uma criação da civilização, na esteira da notória máxima de Carl von Clausewitz ao explicar a guerra como "a continuação da política por outros meios".

Diferentemente dos conflitos tradicionais, a guerra absoluta gerada pelos conflitos entre Estados conferiu enorme e crescente importância a aspectos ideológicos e psicológicos. Em tempo de guerra, o recrutamento militar só é eficaz se precedido por uma guerra psicológica preventiva.

Se o longo conflito da guerra fria não desencadeou uma terceira guerra mundial, foi só por causa do risco de holocausto nuclear. Mais do que qualquer outra, essa disputa privilegiou a guerra psicológica e ideológica com o objetivo de enfraquecer a oposição adversária, reduzir a disposição de compreender a ideologia do inimigo e, ao mesmo tempo, repudiar seu sistema de valores. Por isso, antes de qualquer outra coisa, as tradições que conferem identidade à sociedade inimiga devem ser encampadas. Além disso, explora-se a eterna tensão entre a aspiração à liberdade do indivíduo e o poder do Estado, que refreia essa aspiração. Por outro lado, é possível incentivar as pessoas à desobediência simplesmente lhes oferecendo outra autoridade como alternativa mais segura. Até os profetas da antiautoridade erguem num pedestal modelos a serem honrados.

Uma guerra desse gênero, não cruenta, pode ser vencida pelo grupo dominante quando este incute seu próprio modo de pensar, seus próprios códigos, sua ideologia na mente dos adversários. Os *slogans* são as armas típicas dos conflitos ideológicos, precisamente como diz o termo alemão *Schlagwort* (de *Schlaghen*, "bater", e *Wort* "palavra"). Esses conflitos podem ser incubadores de uma guerra quente, mas com maior frequência são apenas a forma humana do conflito como tal, pois proporcionam rejeição ao "inimigo" e podem levar à cisão da comunidade, à destruição dos espaços de pluralidade e até mesmo a mudanças culturais.

Em tempo de guerra, o grupo político-social dominante tende a exasperar a relação de comando-controle própria de todos os órgãos estatais. O comando-controle é a extensão, com meios diferentes, mais intensos e totais que o usual entre representantes e representados, legisladores e indivíduos, estes reduzidos a átomos da "cidadania geral". Na guerra, essas modernas relações remetem a expressões primordiais, como o entusiasmo pela luta e aquele "sagrado" arrepio de patriotismo, agudamente analisado por Lorenz[20], que toma conta dos que participam de manifestações políticas de massa e que encontra correspondência fisiológica na contração dos músculos eretores dos pelos. Ironicamente, poderíamos dizer que as massas entusiastas erguem o pelo e o interpretam como um arrepio de comoção.

Para os grupos dominantes, a guerra não é uma patologia, mas uma função: superá-la significa, em primeiro lugar, compreendê-la. Não basta mostrar aos homens a crueldade da guerra para que desistam dela. São ilusórias tanto as ideias de "pacifismo choroso", de Aldous Huxley, quanto as ideias do "bom selvagem" e de sociedades animais idílicas, que deveriam ser totalmente desmistificadas. Uma cultura da paz tem de se livrar de qualquer preconceito antropocêntrico e reconhecer a realidade instintiva que condiciona nossos comportamentos. O caminho da resolução não violenta dos conflitos provém, justamente, do mundo animal. Com efeito, as lutas por posição e território entre os vertebrados raramente levam à matança de um indivíduo da mesma espécie porque o conflito assume formas ritualizadas. Da destrutividade originária resta apenas um rastro. O caminho da pacificação sempre permanece aberto, porque os sinais de distensão neutralizam o desdobramento da violência.

---

20 Konrad Lorenz, *Il cosiddetto male: per una storia naturale dell'aggressione*, Milano: Garzanti, 1981. p. 63.

Enfim, a guerra não é o destino de nossa espécie. Relações pacíficas vivas podem garantir vida e bens a indivíduos e comunidades a partir de uma característica evolutiva essencial, enquanto a guerra, ao contrário, realiza seu potencial destrutivo. Um equilíbrio fundamentado no medo, por sua própria natureza, é fortemente precário. Sempre à beira do rompimento, é fonte de desequilíbrios recorrentes e contém, concretamente, o perigo da autodestruição da civilização em escala mundial.

Atualmente, o risco é muito alto. Com efeito, calcula-se que no mundo há mais material explosivo, em quilos por pessoa, do que alimentos. Diante desse dado, parece ainda mais claro como os bons propósitos são vãos e, por outro lado, como o desejo de paz é, por si só, insuficiente. Como expressão da evolução cultural, a guerra só pode ser superada com a cultura. Ou seja, trata-se de converter algumas propensões do homem – a agressividade, a atitude de defesa do grupo, a aspiração ao domínio, a disposição ao confronto e, ainda mais, o universo do medo gerado pela guerra – numa ordem pacífica de relações individuais e sociais.

Se para desencadear a guerra é indispensável uma doutrinação maciça e obsessiva que possa vencer as resistências, para defender ou instituir relações pacíficas é necessária uma educação não artificial que se fundamente em escolhas de cooperação, não em instintos agressivos ou no medo irracional.

Scientific American Brasil, 2007

Do universo atemporal a um presente enganador[*]

BaBar é o engraçado acrônimo de um empreendimento científico sério que pode revolucionar nossa representação do tempo. Nascida de uma colaboração internacional entre cerca de 400 cientistas e engenheiros de 74 universidades e centros de pesquisa americanos e europeus, com sede no laboratório do Stanford Linear Accelerator, em Menlo Park, Califórnia, a iniciativa tenta responder a alguns problemas fundamentais sobre a natureza do Universo: as propriedades e as interações das partículas conhecidas como quarks e léptons, a natureza da antimatéria e outras questões da física experimental.

As primeiras evidências relatadas mostram, surpreendentemente, que no mundo subatômico o tempo tem uma direção preferencial: ou seja, flui numa velocidade diferente em relação à direção oposta. Um dos pesquisadores esclareceu, com uma imagem eficaz, que se esse fenômeno fosse filmado e, posteriormente, projetado ao contrário, o "reverso" do filme teria duração diferente do evento primário. Até então, acreditava-se que, em um campo gravitacional, o movimento inverso de um objeto fosse idêntico ao movimento do mesmo objeto na direção original.

O experimento do grupo BaBar demonstra, ao menos no que diz respeito às partículas elementares, que esse conceito não é mais verdadeiro.

[*] Texto traduzido por Nurimar Falci.

Se a prova de fogo de outras verificações será superada, a suposta simetria entre passado e futuro – a lei de invariância temporal, considerada inviolável tanto na física clássica quanto na física quântica – será consignada aos arquivos de história da ciência.

Estamos apenas ensaiando os primeiros passos de um longo caminho, mas já podemos intuir um enorme impacto nas neurociências e, em particular, nos estudos sobre a consciência. Perguntas como "o que é o tempo para o cérebro humano?", "o que é a mudança?", "o passado existe, e se existe, para onde foi?" ou "como seria nossa vida sem o tempo?" – que os físicos sempre deixaram de bom grado aos filósofos – serão relançadas com ênfase.

Até hoje, a física, da mecânica quântica à relatividade geral, embora tenha à disposição leis sofisticadas e irrepreensíveis no plano formal, não conseguiu desvendar o mistério do tempo. A aplicação de suas leis ao funcionamento do cérebro levou a resultados contraintuitivos de um conceito de tempo especular ao conceito de espaço: num tempo espacializado uniforme, com uma direção do passado ao futuro e vice-versa, em que cada instante, cada objeto e cada efeito observado deve ter uma causa e uma posição bem definidas. Cabe perguntar: mas, em um universo desses, poderiam existir seres conscientes? Provavelmente sim. Porém sua experiência se consumiria entre estados ordenados e de entropia mínima: sistemas fechados que, em termos de matéria, energia ou informação, não teriam nenhuma troca com o exterior; estados da mente algorítmicos e preordenados, isto é, esplêndidos desertos de monotonia.

Enfim, podemos realmente explicar o irreversível com o reversível? Podemos conceber uma realidade de leis atemporais da qual o tempo irreversível se manifeste? Passado e futuro não estão num plano de paridade. Ao menos no mundo dos seres humanos, o passado determina o futuro, não o contrário. Conjecturar o contrário é um erro que a lógica basta para refutar. A consciência não funciona em termos computacionais ou algorítmicos. De outro modo, existiriam sempre proposições matemáticas cujo algoritmo não apresentaria soluções.

Isso vale também para a mente de um matemático. Se fosse inteiramente algorítmica, como observou há anos o físico-matemático britânico Roger Penrose[21], o sistema formal por meio do qual constrói os próprios juízos lhe

---

21 Roger Penrose, *The emperor's new mind*, London: Arrow books/Vintage, 1990.

impediriam de julgar as proposições formuladas com o próprio algoritmo pessoal. Naturalmente, esse não é o espaço ideal para discutir o assunto. De todo modo, mostra-se evidente a urgência de superar a oposição entre uma representação da natureza feita de "leis fundamentais" (que descreveriam a objetividade do mundo) e as "descrições fenomenológicas", evidentemente condicionadas pelos limites da subjetividade humana. Em outras palavras, é necessária uma nova concepção de fenômenos naturais, que se origine não só da pertinência das perguntas, da validade das representações, mas também da necessidade, em alguns casos, de sua leitura qualitativa. Uma ciência que preze a verdade não pode decidir *a priori* quais são as perguntas pertinentes ou distinguir o que é inteligível do que não é.

Segredos do tempo

A linha do tempo pode ajudar-nos a compreender a natureza da consciência? Talvez não. Muitas evidências depõem a favor da hipótese de que a experiência subjetiva, e, portanto, a experiência do tempo, residiria em inúmeras configurações neuronais instantâneas, correlacionadas a estados de consciência em eixos temporais fortemente entrópicos. Toda a vida relacional é sustentada por um sistema distribuído e assimétrico de fenômenos diversos, correlato a eventos locais eletroquímicos de estruturas córtico-subcorticais (Zeki e Bartels, 1998). A multiplicidade desses níveis – em que as distinções funcionais se refletem em âmbitos anatômicos restritos e *loci* (por exemplo, o movimento de visão na área V5 ou a elaboração da cor na área V4) – dá conta de alguns aspectos relevantes da relação consciência-conhecimento.

Em circunstâncias normais, fazemos experiência de um mundo de objetos ordenados no espaço segundo regularidades e conteúdos, dentro de esquemas espaçotemporais definidos. Trata-se, em geral, de conteúdos extramodais (cores e formas) e intramodais (propriocepções e assim por diante) que, por meio de processos de integração nervosa, dão lugar à experiência consciente. É plausível considerar que o aparecimento do *self* esteja correlacionado ao mecanismo que rege e elabora a pluralidade dos conteúdos locais, gerados pela experiência consciente. Esse processo de unificação – que permitiria repensar a consciência como *unitas multiplex*, e não como entidade indiferenciada – poderia ter importantes consequências para uma ciência da consciência, já que solucionaria diversos problemas teóricos e empíricos. A subjetividade qualitativa poderia constituir-se como eco de inúmeras dinâmicas neuronais locais e fenômenos córtico-subcorticais distribuídos.

Naturalmente, unidade instantânea e unificação de sequências conscientes são processos distintos, como acontece na memória icônica. Para formas não patológicas da memória, é essencial que a sequência consciente tenha ordem definida. Uma frase completa, por exemplo, é determinada pela capacidade de recordarmos seu começo e, por meio da duração, chegarmos à conclusão produzindo um discurso coerente (Oliverio[22]; Squire e Kandel[23]). A unidade instantânea (em si mesma fluxo) inscrita no tempo (a duração) é um elemento essencial da consciência.

Por mais de um século acreditou-se que fosse possível medir a cognição do tempo calculando o intervalo entre determinados eventos. Mas os resultados experimentais, que deveriam ter confirmado essa hipótese, lançaram apenas uma tênue luz nos patamares mínimos de correlação entre processos neuronais e eventos cognitivos.

Provavelmente, não se refletiu o bastante sobre a diferença entre a sucessão dos eventos neuronais e a ordem de sua sucessão. O suceder-se dos atos de consciência não é a consciência de seu suceder-se. Talvez seja também por isso que não fomos muito além da análise das categorias de sucessão e duração: a primeira implica a distinção entre simultaneidade e sequência de eventos – ainda que não em sentido absoluto, porque, pelas escalas temporais de dezenas de milissegundos, a confiabilidade do juízo se enfraquece; a segunda define a capacidade de apreender eventos perceptivos sequenciais como se fossem simultâneos.

A significatividade do uso das escalas de milissegundos, que acabam transformando a unidade da experiência consciente em nada mais que uma ilusão, é um aspecto experimental decisivo. Nesses níveis temporais, o caráter imediato desaparece. Como o filósofo americano William James[24], um dos fundadores da psicologia moderna, sugeriu há mais de um século, no cérebro se sobrepõem, a todo instante, um ao outro, inúmeros átimos

---

22 Alberto Oliverio, *La vita nascosta del cervello*, Florença: Giunti, 2009.
23 Larry R. Squire; Eric R. Kandel, *Memory: from mind to molecules*, New York: Scientific American Library, 1999.
24 William James, *The will to believe*, London: Longmans Green, 1908.

que nos restituem a sensação da duração. Consciência e ciência estão sempre ligadas a um breve intervalo de tempo, um "presente enganoso" em que fragmentos de memória, próximos e remotos, se fundem com a experiência presente, ao passo que o eco de momentos que acabaram de passar reverbera em outros que estão para chegar.

Teorias compartilhadas sobre a percepção da sucessão e da duração indicam que abaixo de 100 milissegundos é possível distinguir o começo do fim de um evento instantâneo; além de 5 segundos, a percepção da duração parece dividir-se pela metade para a memória.

Francis Crick e Christopher Koch[25] fundamentaram a consciência em um mecanismo de unificação temporal das atividades neuronais que sincronizaria os impulsos em oscilações médias de 40Hz. Essas oscilações não codificariam informações adicionais, mas unificariam parte da informação existente numa percepção coerente. É preciso dizer que, numa fase sucessiva de sua pesquisa, Crick questionou a ideia de que essas oscilações bastariam para gerar uma experiência consciente, remetendo a outras hipóteses explicativas e a modelos de conexão bem mais complexos.

Para além da frequência específica das oscilações tálamo-corticais, parece não haver muitas dúvidas sobre o fato de que, à origem da consciência, exista a atividade de diferentes populações neuronais córtico-subcorticais e não uma única área cerebral. Como demonstram diversos estudos eletroencefalográficos, trata-se de circuitos neuronais múltiplos, ativados por fenômenos de sincronização e inibição paralela: estados transitivos e estados estacionários caracterizados, os primeiros, por uma atividade neuronal instável de energia elevada, e os segundos, por uma atividade neuronal estável de baixa energia. Trata-se de um equilíbrio extremamente dinâmico em que cada evento (um pensamento abstrato, uma imagem visual etc.) reflete a ativação de uma rede neuronal, distribuída em paralelo, que origina conteúdos conscientes. Nessa comunicação tálamo-cortical as oscilações neuronais desempenham papel determinante. Em alguns estados fisiológicos (adormecimento, vigília, vigilância) e em certas patologias (depressão, epilepsia, Parkinson), registram-se diferentes ritmos tálamo-corticais, cuja duração varia conforme a variação da população clínica. Por exemplo, se nos

---

25   Francis Crick; Christopher Koch. "The problem of consciousness". *Scientific American*. USA: 1992, nº 267, vol. 3, pp. 153-159.

esquizofrênicos paranoicos são mais breves, nos maníacos mostram contínuas mudanças do ritmo (Goodwin e Jamison[26]) e assim por diante.

Nem cristal, nem fumaça

O tempo é uma realidade profunda, sedimentada em formas e estruturas persistentes. Em todo lugar há sinais disso: na rocha em que a história da Terra está gravada, nos cromossomos que trazem a memória do tempo genético, nos círculos concêntricos de uma árvore que narram sua morfogênese, no rosto de um homem que recorda o momento de seu nascimento. Qualquer pesquisa tem de começar por aqui. Mas o nosso sentimento do tempo é também duração, mutação, fluxo, repentinidade. Um tempo de invariâncias e simetrias não contemplaria nada além do instante atual. Assim que se conclui, uma percepção desapareceria para sempre, sem ter jamais experiência de nada. Uma ideia sucederia a outra, sem que pudesse haver cognição. Cada estado de consciência, assim que acabasse, se extinguiria rapidamente. Para sempre.

Scientific American Brasil, 2013

---

[26] Frederick Goodwin; Kay Redfield Jamison, *Manic depressive disorder*, Oxford: Oxford University Press, 1990.

Como se o mundo estivesse para acabar

À beira do nada

O termo "pânico" deriva do nome do deus grego Pã. Estudiosos ligam-no a *paien*, que em grego significa "pastar". Com o passar do tempo, o termo *paien*, por extensão semântica, passou a significar "o todo", que também compreende o deus oculto da floresta, do abismo e da profundidade.

O mito narra que o deus Pã não suportava ser perturbado durante seu descanso vespertino. Quando isso acontecia, soltava berros tão estrondosos que causavam *terror* e *pânico* nos que passavam pelo bosque. Mas Pã é também o deus que rege a sexualidade, a masturbação e o desconhecido. Por isso o diabo é identificado pelos cristãos com a imagem de Pã, símbolo da sexualidade e dos instintos a condenar e combater com determinação. Segundo Plutarco, Pã morre com o advento do cristianismo, embora nem todos estejam dispostos a crer nisso. De fato, muitos acreditam que ele esteja apenas adormecido, podendo despertar toda vez que a natureza e o instinto entrarem em questão.

O ataque de pânico

Na experiência psicopatológica do pânico, é a esfera afetiva que está envolvida. Por ataque de pânico entendemos um episódio de ansiedade repentino e de breve duração, que tem um pico bem definido e se extingue ao cabo de uma hora.

Caracteriza-se por uma sensação de morte iminente e sintomas de sufocação, vertigem, tremores e taquicardia. A correlação neurofisiológica é representada por um incremento da atenção, dilatação das pupilas, taquipneia, tensão muscular, tremor, sudorese em profusão, aumento da pressão sanguínea. Quem é atingido pode ter receio de estar com uma grave doença cardiovascular ou enlouquecendo. Há diversas formas de ataque de pânico. As mais leves não têm reincidência e em geral são determinadas por eventos bem definidos que têm a ver com uma mudança profunda na vida afetiva. Há também o pânico provocado por certas situações ou atividades. A essa esfera pertencem as fobias, formas de ansiedade ligadas a atividades específicas, como atravessar a rua ou ficar em lugares apertados. Se o ataque for intenso e frequente, gera tensão geral e de hipercontrole do próprio estado físico, com tendência a uma avaliação catastrófica do próprio estado.

Além disso, o ataque de pânico acarreta o receio de um novo ataque, irritação, hipersensibilidade aos estímulos físicos e preocupação generalizada com a própria saúde. Cerca de 30% a 35% da população têm ataques de pânico esporádicos em situações particulares de estresse. Ataques mais graves atingem 3% a 4%. Por causa de sua maciça e progressiva disseminação, o transtorno é definido por alguns estudiosos como a *síndrome do novo milênio*.

Boa parte das emergências nos prontos-socorros são de natureza ansiosa, predominantemente determinadas por ataques de pânico. No campo clínico, ainda há muita incerteza sobre as causas e o tratamento. Esses distúrbios são tratados frequentemente com psicofármacos (antidepressivos e benzodiazepinas), que têm efeito temporário, nem sempre resolutivo, e que por vezes acarretam efeitos colaterais indesejados. Isso sem considerar que o uso contínuo das benzodiazepinas pode gerar resistência do paciente a essa droga ou causar dependência, com a consequência de ser necessário recorrer a doses cada vez maiores para que os resultados sejam satisfatórios.

Mais que uma emoção

Assim representada, a experiência do pânico – classificada, justamente, como um ataque (histérico, epilético, de febre) – se encaixa perfeitamente no paradigma médico. As mais respeitadas revistas científicas propõem diversas tabelas com dez, doze sintomas – os mais frequentes, os mais raros, os mais típicos. Como se estivéssemos diante de uma tábua aritmética de Raimondo Lullo, as tabelas sinópticas dos manuais estabelecem que há sudoração em 80% dos casos, palpitação em 40% e assim por diante. O *Manual Diagnóstico e Estatístico de Transtornos Mentais* (DSM) – o grande sistema de codificação dos distúrbios psiquiátricos – rechaça toda dúvida ou aura de incerteza. Fármacos e psicoterapias, ademais, parecem prometer um futuro radiante.

Mas tudo isso basta? Ou seja, recorrer à exclusiva dimensão clínica para dar nome e origem a esse fenômeno é suficiente? É lícito duvidarmos. Essa experiência provém do *núcleo mais profundo da pessoa*. Não me refiro às camadas profundas da psique ou do cérebro límbico ou do paleocórtex. Refiro-me ao núcleo profundo *da pessoa*. Sim, "pessoa", exatamente nos termos em que se expressavam os médicos do século XIX e do início do XX.

Claro, na experiência do pânico a mente racional é amplamente excluída e o que está envolvido são os níveis dos neurorreceptores. Trata-se de mecanismos invariáveis, quase predeterminados, que atingem do mesmo modo o homem culto e o homem inculto, o funcionário e o operário. Ora, apesar das promessas dos estudiosos sobre as *magníficas e progressivas sortes* das neurociências – que ostentam muitas evidências e dados vaticinantes e intensamente sedutores – é necessário usar de extrema cautela. O pânico, com efeito, não depende de algo. Ele expressa a ligação profunda do homem com o Nada. Heidegger[1] o demonstrou lucidamente em *Seminários de Zollikon* quando, ao dialogar com psiquiatras e psicanalistas a convite de Medard Boss, colocou em evidência nosso vínculo profundo com o *não ser*. Que não é, atenção, o terror da morte, mas o horror do Nada: aquele Nada sobre o qual o ser do homem se fundamenta.

Não se trata de deixar a filosofia nos socorrer. Pois a ligação profunda com o não ser é a experiência diária de milhões de homens cuja fé religiosa (pensemos no budismo e no taoísmo) se baseia no conceito de que o ser do homem se fundamenta no Nada. Como afirmava Lao Tsé, a essência da roda não está em seus raios, mas no Nada de onde se distribuem os raios, aquele vazio central que constitui a essência da roda. Eis por que deveríamos ser

---

1 Martin Heidegger, *Seminários de Zollikon*, trad. G. Arnhold e M. F. de Almeida Prado, São Paulo: Educ/ABD/Vozes, 2001.

muito cautelosos ao falar em "ataque de pânico". Ao menos dentro de nós, deveríamos pensá-lo como *experiência do pânico*, em que os genitivos "de" e "do" indicam perspectivas muito diferentes. Com efeito, se o ataque "de" implica, inevitavelmente, uma generalização, a *experiência "do"* indica alguma coisa que me toca de perto.

De Heráclito em diante, a experiência do pânico é uma situação-limite, exatamente no sentido usado por Karl Jaspers[2] muitos séculos depois. Depois de *Psicopatologia geral* e *Psicologia das visões do mundo*, o grande filósofo alemão escreveu um livro muitas vezes esquecido: *Introdução à filosofia*. Nesse ensaio ele fala, entre outras coisas, da situação-limite, aquela que torna autêntica a existência do homem. Para Jaspers, situação-limite típica é a morte, ou seja, o encontro com o Nada, escrito com maiúscula, como se fosse uma hipóstase (mas hipóstase não é).

Não se trata, pois, de alguma coisa a ser aprendida ou desaprendida (como sustentam muitos psicoterapeutas cognitivistas), mas de uma experiência que se vive. O viver é aqui entendido sobretudo no sentido de Sartre em *O ser e o nada*) e, portanto, não é o "nada", que é coisa diferente.

Quem não se lembra da experiência da repulsa que toca Antoine Roquentin, o famoso personagem de Sartre no romance *A náusea*? É o pânico a precipitá-lo na náusea. O pânico, como experiência, não vem de fora, mas do núcleo profundo da pessoa. Nesse sentido, o existir da consciência individual, o *para-si* em Sartre, coincide em cheio com a realidade do *em-si*.

Pânico, portanto, como situação-limite, vivência perturbadora, abismo sem fim, pura vertigem, irrupção do absurdo numa existência aprisionada nos confins do próprio em-si, na iminente ameaça da própria aniquilação. Pânico como encontro com o limite. Aqui, como é evidente, o espaço existencial é dramaticamente restrito. O paciente se sente esmagado, sufocado como dentro de um túnel, um ônibus abarrotado de gente, uma situação de desorientação na multidão. Há um fechamento repentino do horizonte, daquela experiência radicalmente humana que chamamos "horizonte".

Esse horizonte *por-vir* é exposto ao repentino precipitar-se do pânico, e nessa angústia (que não é só aflição), nessa *angina pectoris* (que, para nós, modernos, também é *angina temporis*) desaparece nosso *ser-no-mundo*. Quem experimenta o pânico sente-se desaparecer precisamente em seu *ser-no-mun-*

---

2   Karl Jaspers, *Razão e contrarrazão no nosso tempo*, trad. Fernando Gil, Lisboa: Minotauro, 1961.

do. Ele percebe a incipiente fragmentação, a dissolução, a queda no abismo: em suma, o encontro com o Nada, que também é o encontro com o *inominável*.

Todos nós estamos não apenas aqui, mas sempre em tensão aqui e lá, como consciência de alguma coisa. Estamos aqui, mas já estamos lá, no momento seguinte. Como afirma Aulo Pérsio Flaco na *Sátira 5*, *"hoc loquor inde est"*, ou seja, o instante em que eu lhe falo já passou. Projetamo-nos incessantemente para a frente. Nesse sentido, a perda do projeto de mundo nos expõe a um desnorteio radical.

Tudo isso é muito mais que uma emoção – sem nenhuma ofensa aos neurobiólogos. Na verdade, seria grave se reduzíssemos o pânico a um somatório de emoções explicáveis e classificáveis. O essencial nos escaparia. Seria como catalogar, numa espécie de delírio nomotético, um ato de amor. Não, estamos diante do inominável, precisamente como Lacan nos mostrou com o *nome-do-pai*. O que é de fato, o nome? Seria talvez linguagem? E o inconsciente é realmente a linguagem do outro? É isso, o *inominável*. Melhor, o nome e o inominável em toda sua luminosa inacessibilidade.

À luz dessas considerações, como é possível, então, afirmar que a experiência do pânico *nada mais é que...*? "Nada mais é" é apenas o sinal de um reducionismo míope. É necessário, antes, repensar a raiz desse fenômeno que sempre existiu, mesmo quando dele não se falava. Ou seja, é necessário repensar a experiência do pânico nos termos de uma "sensibilidade para o absurdo", exatamente como escrevia Albert Camus na introdução a *O mito de Sísifo*: sensibilidade que – como para com a luz, o calor, as tonalidades – é alguma coisa que "constitui" nossos sentidos, como um inconsciente fenomenológico.

Quando os pacientes, impelidos pela sensação de morte iminente, ligam pedindo uma consulta urgente – "em dez minutos", dizem, "porque sinto que estou morrendo" – manifestam toda a angústia de quem receia que aquela penosa experiência torne a se apresentar. De fato, quem experimenta o pânico, quando, afinal, o pânico fica para trás, continua temendo o tempo todo o horrendo e repentino reaparecimento. É uma espera que se torna obsessiva, dia e noite.

Mas é realmente absurdo esperar o reaparecimento do pânico? Ou, de algum modo, é uma forma de amadurecimento do *ser homem* diante do insignificante, da precariedade da própria existência? Estamos no paradoxo de ter medo da angústia, medo do medo, medo do pânico. Esse círculo perverso nos paralisa, sem salvação. É um beco sem saída, um túnel em que nos metemos. Para quem conheceu a experiência do pânico, viver significa permanecer constantemente no *arquétipo do absurdo*, na impossível transparência de uma existência inquietante.

Esse absurdo do pânico desorganiza minha representação do mundo, subverte a ilusão de estabilidade que tinha derivado dali, impelindo-me à mercê do *fundo profundo* que o pânico fez emergir. Quase como se revivêssemos aquele trauma do nascimento de que falava Otto Rank[3] (2001) em 1924, nascemos no pânico. O pânico da hora do nascimento indica a passagem do oceano em que estamos mergulhados e vivemos para o seco do ar livre. Esse trauma do nascimento faria emergir, em toda sua experiência de impotência, o trágico significado existencial do pânico.

Como a pedra que Sísifo tem de carregar nos ombros, o pânico diz respeito a mim, só pode dizer respeito a mim. Isso torna claro o abismo que há entre *eu* (que estou aqui factualmente) e o meu ser: abismo que me transcende, que é metaegoico. Porque o ser é metaegoico em relação ao existir, e é essa a fratura que me lança no desespero, num sentimento injustificável. Sim, injustificável: porque nada pode justificar o pânico, pois ele é provocado pelo Nada.

Justificável, se assim for, é o sentimento que me invade ao perceber que minha mão já não obedece minhas ordens, devido a um acidente vascular. Isso sim é um sentimento justificável. Mas o pânico em si e por si é injustificável, porque nos coloca diante do *totalmente outro*, do caráter problemático constitutivo de nosso existir. Nesse encontro com o Nada, eu vislumbro minha incompletude, a precariedade, o risco: aspectos desconcertantes, todos eles, e que mais cedo ou mais tarde tenho de reconhecer como elementos já não provisórios, mas constitutivos de meu próprio existir. Friso: não provisórios, como seria, ao contrário, se aceitássemos o termo "ataque de pânico". Trata-se, diferentemente, de uma experiência minha que me mostra haver algo arraigado em nós, algo constitutivo e fundamental em nosso existir.

Epifania do nada

Nosso existir no pânico, ou melhor, *em direção ao* pânico, testemunha perfeitamente a provisoriedade e a incerteza de nossa existência. Claro, o

---

3   Otto Rank, *Il doppio: uno studio psicoanalitico*, Milano: SE, 2001.

pânico é muito bem controlado pelo Alprazolam e outras substâncias igualmente eficazes. Que psiquiatra deixaria de prescrever, hoje, benzodiazepina a quem tem um "ataque de pânico"? Mas, como por sortilégio, o pânico reaparece, inevitavelmente, numa medida ainda maior nesse "tempo das matérias": da matéria serotoninérgica e de outras matérias eleitas como substrato para o "ataque de pânico".

Com um olhar diferente, o pânico se torna a epifania do encontro com o Nada, aquilo que Bruno Callieri[4] chama de mensageiro irrevogável da predisposição de nossa existência à ameaça. No exato momento do *acontecer pânico* reconheço a inadequação de minha existência, a insuficiência do âmbito puramente egoico. É nessa dimensão, nada fácil de ser captada, que vale a pena, com Pascal, fazer uma aposta arriscada. Ainda mais hoje, tempo da *meia-lua fértil* para a psiquiatria, tempo de colheita. Não resta dúvida, de fato, que as conquistas médicas de hoje, farmacológicas e psicológicas, representam uma esperança real. Isso, no entanto, não nos deve fazer perder de vista que somos todos vulneráveis ao pânico, que ele nos diz respeito porque todos somos "existentes". As emergências pânicas podem esclarecer as partes obscuras de nossa existência. O pânico é nossa recusa ou nossa luta contra Pã, aquela figura sensível e vital que não se adapta às coações moralístico-racionais de uma cultura moderna que parece ter se despedido da própria origem.

De um ponto de vista tipicamente psicológico, o homem moderno não parece muito diferente de seu mais remoto antepassado. Nossas estruturas psicobiológicas ainda são as mesmas. De fato, assim que elas percebem sinais considerados perigosos por nosso sistema cognitivo de avaliação, numa fração de segundo são desencadeadas reações neuroendócrinas que predispõem o organismo a enfrentar o (suposto) perigo. O medo, assim, nos torna aptos a agir, estimula cautela nas escolhas e nos comportamentos, faz com que vibremos, mantém-nos vivos. Toda vez que deparamos com riscos e novidades, temos como companheiro de viagem o medo, e, sendo todo itinerário de desenvolvimento pessoal constelado de riscos e novidades, aquele que realmente quer mudar terá de achar um modo de travar amizade com esse sentimento ou deverá resignar-se a viver de modo ansioso e conflitivo.

---

4 Bruno Callieri, *Quando vince l'ombra. Problemi di psicopatologia clinica*. Ensaio introdutório de Mauro Maldonato, Roma: Edizioni Universitarie Romane, 2001.

O risco de viver é o caminho terapêutico ao medo, que, como uma cruz a carregar, nos impele em direção ao conhecimento. Um homem que tenha frequentado a "dura escola da angústia", como diria Kierkegaard[5], é capaz de um olhar que a pessoa que não conhece a angústia nunca teve, nem nunca poderá ter. Tudo isso tem um preço muito alto. Que precisamos pagar. As coisas realmente importantes na vida sempre têm um preço. É preciso fazer com que a experiência do pânico não se torne uma coação estéril, mas algo que ajude o homem a dar vida a novas versões de si, a compreender a própria identidade e, ao se contar, construí-la. Claro, é bastante curioso, e ao mesmo tempo intrigante, que, para explicarmos a nós mesmos, tenhamos de nos inventar. Mas essa é outra história...

Mente & Cérebro, 2005

---

[5] Soren Kierkegaard, *Il concetto dell'angoscia. La malattia mortale*, Milano: Bompiani, 2013.

O eclipse da esperança

O termo "depressão" assume significados diferentes se utilizado na linguagem comum ou na psiquiátrica. Se na primeira indica o estado de tristeza e desânimo da pessoa diante de acontecimento desagradável, decepção ou luto, em âmbito psiquiátrico designa um quadro clínico preciso (transtorno depressivo), caracterizado por sintomas biológicos e psíquicos espontâneos, aparentemente desproporcionais em intensidade e duração aos acontecimentos que os provocaram. Essa condição se distingue por sintomas como perda de interesse, astenia, incapacidade de sentir prazer, insônia, falta de apetite, diminuição da libido, facilidade em fatigar-se e alterações cognitivas, psicomotoras e neurovegetativas.

Esse estado de ânimo invade por inteiro a personalidade acometida. Um indivíduo deprimido experimenta – às vezes com angústia, outras com gélido desespero – a irremediável negatividade da vida. Mas se em alguns casos a depressão atinge a existência pessoal (e então podem prevalecer ideias persecutórias, sentimentos de exclusão, inferioridade, indignidade, culpabilidade), em outros faz sentir a própria vida como intolerável. Tudo parece negativo, terrível, irremediável. O mundo se torna um lugar de baixezas e maldades, dominado pela luz sinistra da dor e do mal metafísicos.

O distúrbio depressivo – que aqui definiremos intencionalmente também como melancolia – é conhecido desde a Antiguidade. Nas últimas décadas, os conhecimentos sobre etiologia, nosografia, diagnóstico e terapia das diversas formas de depressão progrediram notavelmente. As ciências de base – da bioquímica à biologia molecular, da neurofisiologia à psicofarmacologia – forneceram novos elementos, úteis para a compreensão dos mecanismos patogenéticos, a elaboração de modelos sobre a transmissão genética, a identificação das áreas e dos circuitos nervosos responsáveis pelas diversas manifestações da depressão. Além disso, o renovado interesse pela observação do paciente e pela descrição dos sintomas levou a uma atenção maior para com o diagnóstico e a uma redefinição dos distúrbios depressivos.

Desse modo, foram mais bem especificados os diversos subtipos de depressão e, para muitos deles, afinaram-se modalidades de intervenções personalizadas. Algumas formas atenuadas, outrora definidas como "neuróticas" e tidas como traços estáveis da personalidade, são hoje consideradas manifestações depressivas leves e persistentes, que respondem a terapias. A avaliação da incidência do caráter na história familiar, da personalidade e da adaptação pré-doença permitiu incluir em seu espectro clínico algumas formas bipolares mistas crônicas, cujo quadro é amiúde dominado por delírios, alucinações e distúrbios do pensamento.

Não se pode negar, ainda, que no âmbito terapêutico foram obtidos importantes progressos. A introdução de novas substâncias para tratamento agudo e preventivo propiciou alcançar, na terapia dos transtornos do humor, resultados nada inferiores aos de outros setores da medicina. Especialmente, a síntese de antidepressivos com ação seletiva sobre os diversos sistemas neurotransmissores permitiu que fossem dadas respostas às formas clínicas antes intratáveis.

Culpa infinita

Em geral, a experiência depressiva se caracteriza por sofrimentos de tamanha intensidade que dificilmente podem ser imaginados por quem não os sentiu. Para quem sofre de depressão, sentir-se incompreendido na própria dor torna mais aguda a sensação de estranheza e de pena de si. Estímulos, conselhos, exortações para reagir e fortalecer-se nada mais fazem que acentuar a desesperada solidão do paciente, sua insustentável responsabilização por alguma coisa que já não controla. Ele percebe, com penosa intensidade, um irreprimível empobrecimento afetivo e, ao mesmo tempo, a perda inimaginável do contato com um mundo exterior rico e vital.

Embora a perda de energia e vitalidade, as sensações de confusão, a incapacidade de concentrar-se, fazer escolhas, trabalhar e amar possam ter intensidades diferentes de pessoa para pessoa, significam, de todo modo, um pano de fundo constante. Além disso, sentimentos de impotência e derrota dominam o cenário. As noites insones, povoadas de medos e mal-estar, são aguardadas com terror. Os dias começam como pesadelo de novas e intermináveis provas a enfrentar. Até as atividades elementares, como levantar-se, lavar-se, passear e outras tantas, custam esforços inimagináveis. Vai ganhando terreno, para usarmos as palavras do escritor austríaco Hugo von Hofmannsthal, "uma existência nua, exposta à dor, atormentada pela luz, ferida por todo som"[6].

A sucessão de dias que parecem iguais, sem melhoras, revigora a visão pessimista do paciente quanto ao próprio futuro. A postura em relação a esse distúrbio, todavia, muda de indivíduo para indivíduo. Há quem, sem uma adequada consciência da doença, não perceba totalmente o que está acontecendo. Alguns sentem que estão doentes, mas recusam ajuda; outros sabem que estão sofrendo de uma doença física grave; ou ainda lutam contra ela e procuram ajuda, por vezes de maneiras apelativas e manipuladoras, que causam incompreensão nos que estão ao redor e equívocos quanto à real gravidade da situação. Outros, por fim, conseguem dissimular o transtorno, esconder a inibição e parecer animados, até inesperadamente surpreenderem parentes e colegas com um gesto suicida, como uma espécie de ato de liberação de um sofrimento vivido como incorrigível e desesperançado.

Na depressão, o suicídio é muito frequente. Em 1791, Pinel evidenciou com espanto como os autores – tanto antigos quanto modernos – que haviam descrito todo tipo de "melancolia nervosa", não tinham tratado aquela forma de desinteresse insuportável pela vida, de desejo irrefreável de se matar, sem nenhuma causa aparente. Em *Luto e melancolia*[7], Freud interpretou a tendência ao suicídio do melancólico como forma de agressividade contra o próprio eu, no qual o sentimento de culpa tem papel central. Basta-nos simplesmente notar que, do ponto de vista psicanalítico, podemos identi-

---

6   Hugo von Hofmannsthal, *Ieri*, Pordenone: Studio Tesi, 1992, p. 36.
7   Sigmund Freud, *Luto e melancolia*, São Paulo: Cosac Naify, 2012.

ficar essencialmente dois tipos de culpa: uma persecutória, que deriva da pulsão de morte e tende à autorrepreensão e ao receio da punição; a outra, função da pulsão de vida, que tende à reparação.

Para além das sugestivas e pertinentes hipóteses psicanalíticas, a culpa constitui um elemento psicopatológico nuclear da depressão, motivando um dos mais importantes fatores de transição do apego à vida ao suicídio. Este, todavia, não objetivaria apenas a interromper a própria vida, dolorosa e sem esperanças, mas também a libertar o mundo da própria presença, considerada abjeta e nefasta. Além disso, o sofrimento se torna ainda mais doloroso pela impossibilidade de sua aceitação. É tido como indigno e, até por isso, como se fosse uma espiral infinita, na qual o paciente é envolvido pela culpa.

Seja com relação a si próprio, aos outros, à vida, aos seus desejos, ao próprio corpo ou à sua existência, a culpa constitui um elemento central do mundo melancólico. Convencido, como está, de que tocou o fundo, o paciente acredita que nunca mais poderá levantar-se. É a culpa que leva os pacientes a fugir do mundo e isolar-se em casa, na certeza de não poder superar a punição. Naturalmente, uma coisa é o sentimento de culpa, outra é o delírio de culpa. Enquanto o primeiro é a experiência de quem considera, errônea ou acertadamente, estar culpado, no segundo a certeza de que deve ser punido não deixa espaço para mais nada.

A experiência da culpa, elemento-chave na patogênese da doença, nunca termina porque o paciente está sempre à procura de elementos num passado "culpado". Esse "estar em culpa" remete o deprimido a um modo peculiar de experimentar a morte. No entanto, só alguns melancólicos se definem culpados. Os outros sentem-se devedores pelo não poder, pela incapacidade de agir.

O que é decisivo, aqui, não são os conteúdos, mas a forma do passado que ocupa toda a vida psíquica. Nesse sentido, se é verdade que a identidade e a estabilidade do eu de um ser humano lançam suas raízes no passado, então podemos compreender como o esquecimento sobre as próprias culpas, sobre a angústia dos remorsos e as saudades assumem para o melancólico o caráter ameaçador de uma separação do próprio eu, de uma perda definitiva da própria identidade. De fato, o deprimido busca no passado esse suporte, essa espécie de segurança diante de um mundo que lhe escapa.

Deformação do tempo

Todas as experiências psicológicas humanas são marcadas pela presença do tempo. Mas o tempo dos homens não é apenas aquele do relógio que marca as horas em igual medida e é estranho a toda repercussão interior. Há também um tempo interior, aquele vivido, que muda em cada um de nós, de momento em momento, de situação em situação. Um tempo vivo, independente da marcação cronológica. Esse é o tempo da consciência. Quando estamos cansados, tristes ou entediados, nossa percepção temporal interior muda radicalmente em relação a quando estamos contentes ou intensamente interessados em algo. No primeiro caso, uma hora parece longa e interminável; no segundo, breve demais. Tudo isso está fortemente ligado a nossos diversos estados de ânimo e às várias emoções que se refletem na percepção subjetiva.

A alteração da consciência interna do tempo tem espaço crucial na experiência melancólica. O paciente assiste impotente à penosa deformação de seu tempo interior. Sem abertura para o futuro, ele desacelera, até parar, na impossibilidade de renovação temporal. Autores como Eugène Minkowski, Erwin Straus e Victor von Gebsattel escreveram passagens importantes sobre a desaceleração e a estagnação do *tempo vivenciado* como expressão crucial da melancolia.

A temporalidade – talvez fosse mais correto falarmos de intemporalidade – é a dimensão que mais apreende a essência da melancolia. Aqui, o tempo do eu, já em ritmo diferente daquele do mundo, paradoxalmente só pode se salvar ancorando-se no passado cinzento, sem diferenças cromáticas, apartado do presente e do futuro. Desse passado se alimenta o presente, vazio e angustiante, que assim se defende do horror do vazio e da experiência do nada que se cumprem na ideia da morte. Aí o tempo se torna instante imóvel, imutável, eterno. Nesse ponto, o devir perde todo significado positivo. Prevalece, irrevogavelmente, a noção de mal. Numa vida morta, as lembranças se tornam remorsos e as ações cumpridas, culpas. Já não podem ser inscritas num projeto, numa esperança. Para o melancólico, a mortalidade é a perda do objeto de amor, do ser como tal. Esse caminhar em direção ao nada é extremamente visível na síndrome de Cotard, na qual o paciente se sente condenado a não existir – uma morte em vida, mesmo sem de fato morrer.

Embora sejam raros, os casos de pacientes de Cotard testemunham, até um grau extremo, a impossibilidade de morrer, estando o corpo a tal ponto esvaziado, tão inconsistente que a morte não lhes diz respeito. Essas pessoas, que se definem mortas-vivas, dizem sofrer de sua imortalidade, da impossibilidade de morrer, e pedem para ser libertadas de destino tão atroz. Alguns consideram a morte real e concomitantemente falam de uma morte que não devora a existência, mas que se acompanha de uma misteriosa sobrevivência a ponto de tornar a própria morte vã. Em outras melancolias, falta até a esperança de poder morrer.

Cito as palavras do filósofo dinamarquês Soren Kierkegaard:

> Se quiséssemos falar de uma doença mortal no sentido mais estrito, esta deveria ser uma doença cujo fim seria a morte e a morte seria o fim. E essa é precisamente o desespero. Todavia, noutro sentido, ainda mais preciso, o desespero é a doença mortal. De fato, é extremamente improvável que venhamos a morrer fisicamente dessa doença ou que essa doença termine com a morte física. Ao contrário, o tormento do desespero é precisamente o de não poder morrer. Por isso mais se parece com o estado do moribundo quando está agonizando sem poder morrer. Portanto, cair na doença mortal é não poder morrer, mas não como se houvesse a esperança da vida: a ausência de toda esperança significa aqui que não há sequer a última esperança, a da morte. Quando o perigo maior é a morte, espera-se na vida; mas, quando se conhece o perigo ainda mais terrível, espera-se na morte. Quando o perigo é tão grande que a morte se tornou esperança, então nasce o desespero vindo a faltar a esperança de poder morrer![8].

A temporalidade da melancolia, portanto, está fora de qualquer duração, ausente em sua própria essência. A articulação dinâmica de passado, presente e futuro se torna vã mediante uma radical desistoricização. Eis por que, tão frequentemente, terminado o episódio, a experiência melancólica é esquecida. Não poderia ser "re-cor-dada" (no sentido de ser reconduzida para as *intermitências do coração*), porque nessa intemporalidade tudo se

---

8 Soren Kierkegaard, *Il concetto dell'angoscia. La malattia mortale*, Milano: Bompiani, 2013, p. 1673.

anula. Todo gesto se debruça sobre um vazio abismal. Mas não se trata de um vazio de futuro, de presente ou de passado. Trata-se de um vazio do passado, do presente, do futuro. Ou seja, do tempo, da vida como presença reduzida a corpo desprovido de espírito.

Precisamente como a temporalidade, o próprio tema da corporeidade se inscreve no melancólico numa dramática queda de "doação de sentido", num eclipse da consciência intencional. O deprimido arrasta o próprio corpo, identificando-se inconsciente e plenamente nele: um corpo pesado e lento, já não voltado ao mundo, mas encerrado dentro dos próprios limites. Na experiência melancólica, o olhar é radicalmente interiorizado, abstraído das coisas. As mãos já não permitem agarrar os objetos distantes do corpo. O paciente é incapaz de chorar, de expressar tristeza e desespero, angústia e nostalgia. No rosto, essa divergência entre sentimentos como realidades psíquicas e o corpo como lugar de sua expressividade se torna dilacerante. A face, perdida, se obscurece, não há signo de choro ou sorriso: está petrificada em sua imagem corpórea que não se lança no mundo, mas se consome na própria imanência.

O espaço do deprimido tende a ser desesperadamente vazio, chato, sem relevos nem perspectivas. As coisas são vividas como isoladas, distantes, inalcançáveis. É um espaço fechado, enrugado, bloqueado, opressivo. Por sua capacidade de criar relações e interrogações, parece uma dimensão aberta à possibilidade de planejamento da existência, um movimento que se torna comunicação, linguagem, interlocução, investimento, projeto. Portanto, mais que de espaço, temos de falar de espacialização. O deprimido se insere nos interstícios de um espaço que não é o seu, porque não o produziu: o que se consome é uma dramática metamorfose ou dissolvência da espacialidade.

Abismo de sentimentos

Embora na literatura psiquiátrica e psico(pato)lógica a esperança – como postura existencial de base e cifra essencial da historicidade do homem e de seu *status viatoris* – seja pouco considerada, ela tem papel crucial no mundo melancólico. Solicita nosso olhar não para nossa vida interior, mas para o que é independente da ação: em especial, da ação sobre nós mesmos. Ao falar do caráter profético da esperança, o filósofo francês Gabriel Marcel definiu-a como uma memória do futuro, um dispor-se na perspectiva do acontecer. No polo oposto, o desespero é fechamento à temporalidade, negação de qualquer promessa de amor pelo futuro.

Nesse sentido, se a esperança é busca carregada de confiança, tendência a ultrapassar passado e presente por um porvir de sentido, o desespero é o tempo fechado da consciência, o questionamento de tudo o que de mais profundo há na existência. Aqui se revela extremamente útil a distinção do psicólogo e filósofo alemão Phillipp Lersch entre desespero biológico e existencial: o primeiro se refere aos fundamentos vitais do indivíduo, o segundo diz respeito à falência dos próprios valores existenciais.

Mas há que perguntar: pode haver no melancólico uma *patologia da esperança*, uma distorção qualitativa do esperar e, em casos extremos, um *esperar delirante*? Uma metamorfose da espera parece evidente nas temáticas dos delírios de culpa e danação, nas quais o que é questionado é a própria possibilidade de alcançar os modos transcendentes da esperança; o sentimento de culpa afeta profundamente o agir do homem e sua vida psicológica, até que todo *motus spei* seja neutralizado e enrijecido num desespero profundo e irrevogável. O melancólico não pode subtrair-se a esse *eclipse da esperança*, porque ele investe todo aspecto mundano, pessoal e vital. Esse é o motivo que o torna fixo em sua gélida inércia, indiferente a qualquer espécie de alento, indisponível a qualquer exortação. O futuro desaparece e, com ele, a própria possibilidade de projetar-se, resgatar-se, redimir-se. O êxito é o niilismo absoluto, no qual mesmo os aspectos mais primordiais e vitais são expostos a uma deformação inimaginável – e por vezes grotesca. Nesse abismo de sentimentos vitais devem ser procurados alguns dos motivos do suicídio, paradoxal e extrema defesa de uma angústia infindável.

No entanto, a esperança permanece parte essencial da vida do homem, ainda quando se apresenta de forma contrapolar, como sentimento da falta de sentimento, como um esperar que nada espera. Mesmo diante disso tudo, a esperança sempre tem uma dimensão criadora. Ela consegue força no vazio e nas adversidades sem, todavia, opor-se a nada, sem se lançar em nenhuma tensão. Cria, permanecendo suspensa acima da realidade, sem ignorá-la; deixa aflorar mundos inéditos, palavras não ditas. Essa esperança pode crescer também no deserto da angústia e do desespero, do mal de viver e da fadiga.

Como uma ponte, ela nos acompanha para fora de nossa solidão, colocando-nos em relação com os outros. Devolve ao homem a possibilidade de caminhar sobre os próprios tumultos interiores, de elevar-se acima do tempo que passa, de devolver às lágrimas e à dor um inesperado fragmento de porvir. Naquelas lágrimas que alcançam os olhos vindas dos mares extremos da alma, naquelas lágrimas que mil e mil vezes vimos entre infinitos carrosséis de gestos visíveis e invisíveis, flutuam inquietudes e sonhos despedaçados, a nostalgia do silêncio e das palavras do silêncio. Ao velar a visão, elas desvelam a essência do olhar, fazem sair do esquecimento em que o olhar as guardava, a verdade dos olhos: o amor, a alegria, a oração mais do que uma visão científica.

Além do naturalismo

Em *Genealogia da moral*, Nietzsche escreveu: "Não existe, a rigor, uma ciência 'sem pressupostos'; o pensamento de uma tal ciência é impensável, paralógico. Deve haver antes uma filosofia, uma 'fé', para que a ciência dela extraia uma direção, um sentido, um limite, um método, um direito à existência"[9].

Um tratamento psiquiátrico autêntico tem de encontrar o próprio sentido nas questões fundamentais da condição humana, que dizem respeito a todos nós: a alegria e a tristeza, o tédio e o enfado, a melancolia e a esperança, a dor e o desespero. Uma psiquiatria que não saiba aceitar as fronteiras de seu não conhecimento e, sobretudo, que delega o confronto com as categorias constitutivas de toda experiência psicopatológica a métodos terapêuticos indiferenciados, está fadada a falir. Para além de toda absolutização biológica, o emaranhado dos conflitos imanentes no arquipélago da loucura não pode abrir mão de uma presença humana que ouça e dê assistência.

Escreveu, provocativamente, o sacerdote, escritor e teólogo italiano Romano Guardini que a melancolia é demasiado dolorosa e profundamente arraigada em nós para que se possa deixá-la nas mãos dos psiquiatras. As chaves de acesso de um autêntico tratamento psiquiátrico – que sempre nos expõe a situações e dimensões existenciais inéditas – estão nos aspectos ra-

---

9   Friedrich Nietzsche, *Para a genealogia da moral. Uma polêmica*, trad. Paulo C. Souza, São Paulo: Companhia das Letras, 2001, III, §24.

dicalmente estranhos e tecnologias, rótulos, códigos, números e estatísticas, tão caros ao naturalismo psiquiátrico hoje dominante. O que resta a fazer, então, é inscrever tais experiências num horizonte de sentido antropológico: a única possibilidade é reconhecer, enfrentar e respeitar situações-limite que colocam em questão o sentido e o significado de nosso existir e sofrer.

Mente & Cérebro, 2010

Utopias do amor mecânico[*]

O vínculo entre vida representada e vida real já estava presente nas pinturas rupestres de Lascaux, na França. Mas de que maneira e por que os homens, desde os tempos mais remotos, colocam a própria vida em imagens, dissolvendo a realidade em um jogo prismático entre representação e simulação? O sonho da vida artificial está fortemente arraigado na cultura dos egípcios, que acreditavam poder dar alma às estátuas ou devolver os sentidos às múmias por meio da cerimônia da abertura da boca (em que sacerdotes tocavam lábios ou olhos das figuras com instrumentos especiais), ao passo que Ovídio narra o mito grego de Pigmalião, apaixonado por Galateia, estátua de marfim que ele mesmo havia esculpido. Na realidade, os gregos nunca elaboraram uma visão mecanicista da natureza. O sonho da vida artificial só tomou forma no imaginário do Ocidente a partir do século XVII, quando a revolução científica formulou os princípios da mecânica clássica, criando os pressupostos para uma descrição materialista da natureza e do homem. O filósofo francês René Descartes, em especial, foi quem unificou a concepção do mundo como grande máquina com a ideia, já arraigada desde a Antiguidade, da superioridade da mente sobre o corpo, que tem enorme peso até nossos dias.

---

[*] Texto escrito com a colaboração de Ilaria Anzoise.

FICÇÃO CIENTÍFICA

Embora a relação homem-máquina/tecnologia tenha sido para muitos autores objeto de pesquisa filosófica e antropológica (Karl Marx, Walter Benjamin, Arnold Gehlen, Jakob von Uexküll, entre outros), é na cultura popular (sobretudo na literatura e no cinema de ficção científica) que os sinais de transformação do imaginário coletivo se manifestam. Em mais de cem anos, a relação com as máquinas passou da pura instrumentalidade (como no filme *Chegada do trem à cidade*, dos Irmãos Lumière, 1895) a sentimentos de ódio, receio e estranheza (*Metrópolis*, de Fritz Lang, 1926), do otimismo confiante (*Eu, robô*, de Isaac Asimov, 1950) à crescente intolerância em relação à excessiva dependência (*Matrix*, de Andry e Larry Wachowsky, 1999).

A mudança dessa relação, como sensivelmente enfatiza o imaginário da ficção científica, é efeito não apenas de uma profunda transformação da sociedade, mas também da tendência a projetar na máquina quer os medos e as esperanças, quer as dinâmicas mais íntimas de nossa corporeidade e de nossa psique mais profunda.

São três as figuras – entre as alteridades não humanas – com as quais o imaginário coletivo estabeleceu intenso confronto existencial e identitário: o androide, o ciborgue e o robô. Essas alteridades-máquina nos interrogam cada vez mais não só sobre quem é o homem, mas também sobre a ambivalência do sexo, que vem acompanhando a humanidade desde o mito grego do *estupro divino*, como afirma o escritor italiano Roberto Calasso[10] no livro *As núpcias de Cadmo e Harmonia*. Hoje, no entanto, o outro não homem já não é o deus ou o animal, e sim a própria coisa, e a pergunta não mais diz respeito à cibernética, mas diretamente à filosofia e à sexualidade, na visão do filósofo contemporâneo Mario Perniola[11], em *O sex appeal do inorgânico*. A essa pergunta, o mito oferece uma imagem – o *outro sintético* do homem *refletido* no espelho cibernético – declinada em três variantes: o androide ou replicante (criatura artificial orgânica), o ciborgue (híbrido homem-máquina) e o robô (criatura inorgânica), todos com o estigma de uma sexualidade dramática, mutilada, neutra. Uma sexualidade reificada – considerada em sua objetividade material, semelhante ao processo de troca de mercadorias – que torna a questionar a sexualidade e a natureza do próprio homem.

---

10 Roberto Calasso, *As núpcias de Cadmo e Harmonia*, São Paulo: Companhia das Letras, 1990.
11 Mario Perniola, *Sex appeal do inorgânico*, trad. Nilson Moulin, São Paulo: Studio Nobel, 2005.

Embora o ancestral mais ilustre da raça dos *criados* e *não gerados* seja Frankenstein, que pede uma companheira com a qual compartilhar a existência, quem carrega rastros de instâncias tipicamente humanas são os *robota* orgânicos, produzidos em série, de *R. U. R.* – peça dramática escrita em 1922 pelo novelista, dramaturgo e encenador checo Karel Capek, que pela primeira vez utilizou o termo "robô". Mais próximos dos androides do escritor de ficção científica americano Philip K. Dick, reelaborados nos replicantes de *Blade Runner* (Ridley Scott, 1982), e dos *shinzô ningen* (literalmente, "nova humanidade") do filme japonês *Casshern* (Kazuaki Kiriya, 2004), os *robota* de Capek são criaturas inteligentes, mecanicamente perfeitas, mas com data de validade, como os androides de Dick. Paradigmas perfeitos de um biologismo mecanicista, eles são desprovidos de dor, de memória, de emoções, de sexo. A indiferença – *aceitação mecânica*, quase intelectual, da vida e da morte – é cifra de uma resignação totalmente impensável para um organismo como o humano, que evoluiu ao longo de milênios.

A esterilidade dos *robota* se torna paradigmática na personagem Rachel de *Androides sonham com carneiros elétricos?*, livro de Philip K. Dick que deu origem ao filme *Blade Runner*. Ao se prestar ao sórdido acasalamento com o caçador de androides Rick Deckar, ela proclama seu estado de *coisa-não-viva*. Se em Capek a reificação da corporeidade é representada pelo *robota* submetido à vivissecção na mesa de cirurgia, em Dick assume os traços desoladores da mercantilização: Rachel, prostituta indiferente à própria condição, atrai os caçadores de androides para atrapalhar sua tarefa. Tratada de outra maneira pelo cineasta Ridley Scott, Rachel trai por inteiro sua aflição existencial na hesitação emocionada que precede o beijo com Deckard. Em *Blade Runner*, a reificação do humano tem dimensão íntima e individual (o contraponto da frágil sexualidade de Rachel é a tocante vidência do androide Roy, que, despedindo-se do mundo, parece evocar saudosamente todos os momentos heroicos que viveu e que "serão perdidos como lágrimas na chuva"), mas também coletiva, na mercantilização dos corpos e da sexualidade. A replicante Pris, "modelo básico de prazer", um "artigo-padrão para círculos militares", é, como Roy, uma replicante da série Nexus-6, tristes figuras que se parecem com bonecas; reduzida a *stripper*, morre entre os manequins de uma vitrine, debaixo de uma neve de isopor.

Se a condição orgânica de *coisas-que-sentem* garante a essas máquinas encarnadas uma reciprocidade na relação, a mortificação e a mercantilização representam a vitória extrema do mecanicismo serial das máquinas metabólicas. O androide é o orgânico degradado em inorgânico: montado, vendido, comprado e retirado do mercado, como qualquer outra mercadoria. Nessa degradação do metabólico em mecânico, nessa biologia reificada – ainda mais evidente na obra de Dick, na qual a falta de dignidade dos androides entra em choque com o valor absoluto da vida dos animais verdadeiros, inclusive os insetos – lê-se, mais do que o sintoma de um *mal-estar da civilização*, a vitória sobre o orgânico, sobre o animal, sobre o homem. Os novos homens não são, portanto, os Nexus-6 ou os *shinzô ningen*, embora mais similares a modernos Frankensteins do que a super-homens. Os novos homens são os próprios humanos, que ultrapassaram toda resistência moral e cultural, e até mesmo a condição animal, transfigurando-se até produzir máquinas metabólicas desprovidas de dignidade humana.

Processo de castração

A superação da condição humana no híbrido ciborgue apresenta as características da mortificação do orgânico, nova imagem da antiga contraposição eu-consciência/corpo-inconsciente, em que a máquina e o inorgânico são metáfora do primeiro, e a carne e o orgânico, do segundo. Com a carne dilacerada pelas próteses metálicas, o ciborgue coloca em imagem a vitória da consciência superior sobre a corporeidade, a pulsão, o instinto. Que assonância singular! Se em 1600 o triunfo do espírito sobre a carne estava pintado no rosto sereno dos santos mártires que assistiam ao sofrimento e aos próprios *disjecta membra* ("desmembrar", "fragmentar", em latim), hoje é o ciborgue o herói que afirma a superioridade da consciência egoica sobre o inconsciente, superando o perigo de um desmembramento. A mortificação da carne e do corpo, da sexualidade e da emotividade se torna, no ciborgue, apagamento da genitalidade. A castração, radical negação da sexualidade, é o outro aspecto da reificação que, com a cegueira simbólica, caracteriza quase sempre essa figura.

Não é implausível aproximar os traços do arquétipo do *grande indivíduo*, que o psicólogo junguiano Erich Neumann[12] identifica no deus egípcio Osíris, dos traços do ciborgue. Para a *superação do desmembramento, para a restauração da integridade corporal pela reunião* da cabeça com o corpo, pela fusão da parte espiritual com a material, enfim, pelo falo cultural lígneo por

---

12 Erich Neumann, *História da origem da consciência*, São Paulo: Cultrix, 1995.

meio do qual gera o filho Hórus, é possível considerar Osíris um ciborgue antes mesmo de o termo ter sido imaginado. Todavia, se Osíris, pelo processo de recomposição e de espiritualização da masculinidade, pode ser definido como um ser inteiro e perfeito, essas personagens não terão vida tão simples. As mutações que tornam os inúmeros ciborgues literários e cinematográficos seres extraordinários aniquilam sua vida relacional, numa espécie de castração social e afetiva (correspondente emocional da castração física) na qual se encontra a antiga *mortificação da masculinidade inferior* em favor da superior, segundo Neumann, em *História da origem da consciência*.

No filme *Robocop* (Paul Verhoeven, 1987), o protagonista se revolta contra a cegueira simbólica – recupera a própria identidade e afetividade removendo a viseira dos olhos –, enquanto Batou, personagem do seriado *O fantasma do futuro (Ghost in the shell*, de Mamoru Oshii, 1995), ao contrário, em uma espécie de ligação edípica, tem câmeras no lugar dos olhos. Também protagonista da série, a major Motoko Kusanagi, que forma com Batou um casal *anima-animus*, desde as sequências da gênese é apresentada como imagem de feminilidade sublimada, cuja sensualidade assexuada é conotada pelos caracteres do *feminino transformador*. Em seu corpo – que emerge e reemerge das águas dos tanques-úteros, com clara alusão ao emergir da consciência das águas do inconsciente – é evidente a ausência dos genitais, em contraste entre a exaltação dos atributos do *feminino superior ou transformador* (seios, lábios, cabeça) e a obliteração do *feminino inferior*, genital, de acordo com Neumann[13], em *A grande mãe*. Essa mulher-ciborgue, obcecada pela própria autenticidade, não é somente um corpo cibernético, um corpo-objeto, mas sobretudo feminilidade espiritualizada e castrada, imagem idealizada da consciência.

Neumann ilustra com clareza como a tendência do eu a identificar-se com a consciência superior o leva, em certas fases da própria evolução, a ter o corpo como polo dialético, aquele mesmo corpo cujos processos são assimilados com dinâmicas psíquicas inconscientes. Não por acaso, as cerimônias de iniciação consistem em fazer o eu e a consciência experimentarem a própria superioridade sobre o corpo, na qual, conforme a equação eu-consciência/corpo-inconsciente, ecoa a tentativa de emancipação da consciência do abraço aniquilador do Ouroboros, serpente mitológica que devora o próprio rabo, de acordo com a análise de Neumann. A independência do corpo – que nes-

---

13   Idem, *A grande mãe*, São Paulo: Cultrix, 1996.

ses ritos simbolizava a vitória sobre a corporalidade, o medo, a dor, as pulsões e o sexo como *principal constelação instintual inconsciente* – representa hoje a reificação pura e simples. Nesse sentido, no mito da manipulação extrema do corpo-objeto há uma tentativa insistente de domínio e repressão das pulsões, da afetividade, da emotividade, das quais o corpo é encarnação.

A afirmação ulterior de superioridade do eu-consciência sobre o corpo-inconsciente ressalta no corpo-sexo-objeto do robô sexoide, êxodo definitivo da corporeidade, negação de qualquer reciprocidade e intencionalidade, extremo dobrar-se sobre si mesmo de um erotismo autista que ecoa no poema "L'amour à la robot" ("O amor mecânico"), de Jacques Prévert. Antes de Futura, a sedutora máquina de *Metrópolis*, houve Galateia e *A Eva futura*, obra de Villiers de l'Isle-Adam (1838-1889); depois, os sexoides inquietantes parecidos com Barbies de *O mundo dos robôs* (Michael Crichton, 1973) e o triste robô-gigolô com vitrola incorporada de *A.I. – Inteligência Artificial* (Steven Spielberg, 2001): "máquina de fazer amor", "máquina de sonhar", "mecanismo de matar de rir", nos versos de Prévert, sublimação autoerótica de mão única. Difícil dizer se seria mais estranha a condição das sexoides de *A inocência*, também de Oshii (2004), bonecas às quais foi ilegalmente conferida uma alma, ou a sexualidade alienada de quem frui desses objetos e que, incapaz de alcançar a si mesmo por meio do outro, escolhe a emotividade claustrofóbica, desertificada e horrenda da pornografia.

A negação da dimensão eu-tu do homem com o homem traduz-se, literalmente, em um retorno ao animismo, em que o investimento emotivo, ao sublimar-se, se desloca do objeto de desejo ao imaterial. Mas o que são esses objetos construídos segundo imagem e semelhança humana idealizadas, a não ser *figuras* impessoais e transpessoais do feminino e do masculino? Último fetiche de uma sexualidade narcisista em colapso – na qual o corpo não é mais lugar de encontro com o *self* e o outro, mas objeto de um frio sentir que não é questionado nem questiona, como propõe a escritora e ensaísta italiana Tiziana Villani[14] –, as bonecas suicidas exibem sua nudez inocente de objetos, na dor sem voz de corpos paradoxalmente transformados em sujeito, nos quais se espelha nosso *daimon*, dimensão profunda da subjetividade humana.

Mente & Cérebro, 2008

---

14 Tiziana Villani. "Farsi sguardo: lo spaesamento nell'epoca dell'inorganico", in: Perniola, Mario (org.), *Oltre il piacere e il desiderio*, Milano: Mimesis, 1995.

A consciência da felicidade[*]

Nas últimas décadas, as ciências cognitivas afinaram a própria sensibilidade com relação a âmbitos teóricos que, por tradição, pertencem à antropologia e à filosofia. Um desses campos refere-se à felicidade – uma categoria semanticamente indeterminada e com fortes implicações lógico-afetivas que, ao longo dos séculos, foi tema de numerosos estudos. Os pré-socráticos acreditavam que a felicidade (*eudaimonia*) fosse regida por um *daimon* benévolo, uma divindade, e estivesse apenas parcialmente subordinada à vicissitude humana. Embora distantes dos episódios do mundo dos homens, os deuses gregos conheciam os prazeres dos mortais e, em alguns casos, a felicidade. Com Platão e Aristóteles o cenário muda. O tema da felicidade é trazido do céu para o horizonte terreno. Apenas aqui se pode ter uma vida regida pelo controle racional das paixões, isto é, pela aspiração dos bens relacionados (e sociais) moralmente superiores aos prazeres efêmeros proporcionados por riqueza, sucesso e poder.

Na Antiguidade, os estoicos acreditavam que as paixões e as emoções criavam obstáculos à felicidade. Já para os cristãos, o ponto mais alto da existência mundana é a transcendência: beatitude (bem-aventurança) é a felicidade emancipada da deterioração causada por tendências humanas como o materialismo e o narcisismo. Para Santo Agostinho, é o desejo de

---

[*] Texto escrito com a colaboração de Silvia dell'Orco.

experimentar prazeres do corpo que impõe limites à verdadeira felicidade.

Sob muitos aspectos, o século XVII é marcado pelas paixões frias. Se para Michel de Montaigne a felicidade é um impulso liberador – exatamente o oposto do hedonismo e do narcisismo –, para o filósofo Bento de Spinoza toda expressão de *cupiditas* (o amor no mundo, inserido na temporalidade, traduzido pelo anseio de possuir) é motivo de inquietude e infelicidade. Todavia, o Iluminismo, no século XVIII, marca a época áurea da busca da felicidade. Nos grandes projetos de emancipação das revoluções francesa e americana, a felicidade descreverá, da mesma maneira que a liberdade, um horizonte individual e comunitário, talvez a mais alta expressão da universalidade dos direitos: justamente o direito de ser feliz. Em sua dialética natural, Emmanuel Kant afirma que apenas a ação racional (e a aceitação do dever) emancipa o homem da transitoriedade dos prazeres. Segundo ele, é renegando o prazer (mas não o negando) que se afirma a própria liberdade.

Para Sigmund Freud, pai da psicanálise, a infelicidade humana nasce da negação sistemática do princípio de prazer. O homem constrói as convenções sociais – e, sobretudo, sua segurança e sua sobrevivência – no difícil equilíbrio entre as pulsões de vida (Eros) e de morte (Tânatos). A civilização nada mais é do que o instrumento de controle que substitui a agressividade pela cooperação e o desejo da sublimação. Mas há um preço a pagar: a renúncia à própria natureza. Para possibilitar o convívio, dispositivos jurídicos e de valor fazem com que os homens voltem a agressividade para si; instaura-se aí o sentimento de culpa que o filósofo alemão Friedrich Nietzsche chamou de "má consciência". Essa ordem, constituída sobre o equilíbrio repressivo, garante a convivência social por um lado, mas, por outro, alimenta a angústia existencial e a renúncia voluntária à felicidade. O custo da segurança da civilização, portanto, não é apenas a repressão das pulsões, mas a transformação da personalidade que, com a constituição do superego, torna a infelicidade a marca do indivíduo contemporâneo.

Dor e prazer

A metáfora da felicidade como um rio subterrâneo tem atravessado muitos âmbitos do conhecimento. Por volta da metade do século XVIII, ela ascende como figura central da nascente economia moderna – definida pelo filósofo italiano Antonio Genovesi[15] como a "ciência da felicidade pública"–, em que as relações interpessoais e as virtudes se tornam prioritárias para o crescimento de uma nação. Um século mais tarde, a felicidade passa para o âmbito da ciência econômica e é identificada na reflexão do economista e jurista inglês Jeremy Bentham com a utilidade, com o signo invertido de "ciência triste". O *Homo oeconomicus* – o indivíduo fragmentado, separado da dimensão social e relacional – encarna o hedonismo utilitarista. Segundo essa teoria, a vida se desdobra numa escala de dor e prazer. Progressivamente, a economia neoclássica põe à margem o tema da felicidade, para se ocupar simplesmente da utilidade individual ou do bem-estar, entendido como resultado das preferências pessoais.

Na segunda metade do século XX, a reflexão sobre a felicidade nos impele em direção a territórios disciplinares distantes entre si. No âmbito da psicologia científica, a pesquisa articula três momentos fundamentais: 1) a superação do dualismo corpo-mente (que destinava ao corpo os prazeres e ao espírito, as virtudes intelectuais) restitui à felicidade plena legitimidade como tema de pesquisa científica; 2) o nascimento da psicologia positiva, voltada ao bem-estar, à realização de expectativas e ao aprimoramento dos recursos pessoais e cujo objeto de estudo é a avaliação empírica das "melhores experiências" e do bem-estar individual (essa área de conhecimento traz contribuição significativa para tratamentos de distúrbios psiquiátricos menores); 3) a descoberta do *paradoxo da felicidade*, que coloca em evidência que a felicidade depende só em mínima parte da renda e da riqueza.

As pesquisas do economista americano Richard Easterlin[16] tiveram consequências muito significativas. Considerado o "pai do paradoxo", Easterlin afirma que pessoas ricas costumam ser mais felizes que as pobres, mas o mesmo não se aplica a nações. E, à medida que um país enriquece, seu povo não se torna mais feliz. O pensamento de Easterlin não somente contribuiu para modificar a ideia de que a riqueza de um povo se mede pelos índices de crescimento macroeconômico, mas sobretudo instigou economistas e psicólogos a interrogar mais a fundo sobre as próprias causas da felicidade.

---

15   Antonio Genovesi, *Lezioni di economia civile*, introd. di Luigino Bruni e Stefano Zamagni, Milano: V&P, 2013.
16   Richard Easterlin. "Income and Happiness: Towards a Unified Theory". *The Economic Journal*, London: 2001, vol. III, issue 473, pp. 465-484.

Todavia temos de nos perguntar: o que pode determinar o bem-estar individual ou social? Segundo o psicólogo Daniel Kahneman[17], Prêmio Nobel de Economia de 2002, a ideia de que o incremento da renda seja fonte de felicidade é uma perfeita ilusão. Toda vez que consideramos um aspecto de nossa vida – seja saúde, dinheiro, sucesso, amor etc. – manifestamos a tendência de lhe atribuir excessiva importância. É preciso considerar também que a avaliação da felicidade varia conforme o momento em que é realizada. Muitas pessoas acreditam que riqueza, sucesso no trabalho e harmonia conjugal nos tornam mais felizes. Na realidade, se medíssemos constantemente o bem-estar de uma pessoa, o peso desses fatores seria muito diferente a cada momento. Ou seja, mesmo que desejemos fortemente alguma coisa, algum tempo após obtê-la descobrimos que não somos nem minimamente mais felizes do que éramos antes de consegui-la.

Rumo à superação

Kahneman tentou explicar esse paradoxo recorrendo à metáfora da esteira rolante, segundo a qual o aumento da renda/riqueza faz com que permaneçamos imóveis – mesmo em movimento. Esse fenômeno se expressa por meio de três subfenômenos. O primeiro é o *hedonic treadmill*: o bem-estar conquistado com a posse de um novo bem de consumo é apenas temporário e o nível de satisfação regride à situação anterior à aquisição. O segundo é o *satisfaction treadmill*: para mantermos o mesmo nível de contentamento, são necessários contínuos e mais intensos prazeres. O terceiro subfenômeno, o *positional treadmill*, mostra que o valor subjetivo de um bem de consumo é exaltado pela comparação com aquilo que os outros possuem. Aliás, não é insignificante que o acúmulo de mais riquezas materiais corresponda, ao menos parcialmente, à perda da dimensão afetivo-relacional.

Não por acaso, as dinâmicas da felicidade têm sido explicadas com a teoria dos bens relacionais, que identifica a relação entre felicidade, capacidade de manter relações autênticas e reciprocidade empática. Aliás, a constatação de que a autorrealização deriva do desenvolvimento de atividades correspondentes à própria natureza não é apenas da psicologia cognitiva, mas também

---

17 Daniel Kahneman, *Economia della felicità*, Milano: Il Sole 24/Ore Libri, 2007.

de algumas religiões orientais. É o desdobramento das próprias potencialidades que permite que o homem vivencie uma condição de felicidade.

Psicólogos procuram há tempos uma definição compartilhada de bem-estar psíquico. Apesar da amplidão de seu campo semântico e do caráter problemático de algumas categorias que definem o bem-estar – valores, esperanças etc. –, muitos pesquisadores tentaram fazer medições. Estudos sob a ótica da psicologia positiva têm sido úteis no incremento da expressividade emocional, da criatividade, do reconhecimento de si e das próprias capacidades no trabalho, na arte e no esporte. Só para dar alguns exemplos, o musicista que compõe, o arquiteto que elabora um projeto, o escalador que conquista o cume, o bailarino que executa uma coreografia impecável, o atleta que melhora o próprio rendimento expressam experiências autotélicas (do grego, *auto*, "si mesmo", e *telos*, "finalidade"), relativas ao prazer intrínseco e automotivador – que supera os mecanismos da gratificação e da recompensa externa.

Objetivos estimulantes e realizáveis favorecem a autoestima e permitem uma vivência subjetiva que exclui interferências cognitivas ou preocupações não essenciais, determinando uma condição muito próxima da felicidade. A identificação de um pianista com a própria melodia depende do fato de entrarem em jogo ações e gestos de uma arquitetura lógica não consciente, de um fluxo de consciência que anula as distinções artificiais entre o eu e o ambiente, entre estímulo e reação, entre mente e mundo. Por outro lado, parece que a felicidade depende do controle das próprias ações. Situações que restringem a autonomia, como perda do trabalho e doença grave, por exemplo, costumam afetar de forma profunda o bem-estar individual. Essa evidência fortalece a tese de que o dinheiro não é causa de felicidade. Inúmeros estudos mostram que os empresários são mais satisfeitos do que outros indivíduos com níveis de renda similares. De fato, não é a riqueza o que os torna felizes, mas a liberdade de empreender novos desafios. Eis por que gratificações exteriores, como aquisição de bens ou posição social, por si sós, em vez de trazer realizações pessoais, podem causar prejuízos.

Segundo o psicólogo americano Martin Seligman[18], a tarefa da psicoterapia positiva não é apenas tratar do sintoma, mas ajudar os pacientes a

---

18 Martin Seligman, *La costruzione della felicità. Che cos'è l'ottimismo, perché può migliorare la vita*, Milano: Sperling & Kupfer, 2003.

reconhecer e a expressar suas potencialidades para se encaminhar à rota da cura – e possivelmente da felicidade. As emoções positivas, assim como as negativas, têm papel adaptativo importante: ampliam os recursos intelectuais, físicos e sociais que podemos utilizar em caso de uma ameaça ou de uma oportunidade. Além disso, os estados de ânimo positivos favorecem sentimentos de tolerância, empatia e altruísmo – que são a base do reconhecimento recíproco de amizade e amor. Em contraste com as regressões autocêntricas e o egoísmo, promovem a autovalorização e geram efeitos positivos sobre a saúde e a longevidade.

Seligman resume esses conceitos numa surpreendente fórmula da felicidade: H=S+C+V, em que H significa *happiness* (nosso nível permanente de felicidade), S quer dizer *set range* (cota fixa de felicidade), C indica as circunstâncias da vida que podem influenciar o nível de satisfação (renda, relações afetivas, vida social, idade, saúde, fé) e, por fim, V representa algumas esferas de autonomia. Se os dois fatores iniciais, S e C, são impossíveis ou difíceis de ser modificados, as circunstâncias internas (V) podem ser planejadas e elaboradas para aumentar o resultado dessa fórmula. Nessa esfera estão as emoções positivas concernentes ao passado, ao presente e ao futuro que, se desenvolvidas, podem, segundo a psicologia positiva, reelaborar a propensão ao pessimismo e as "representações de contraste" que hipotecam a felicidade do indivíduo. Segundo Seligman, a felicidade no presente diz respeito eminentemente aos prazeres e às gratificações. Se os primeiros se referem a sensações agradáveis e transitórias (prazer, satisfação, alegria) que implicam atividade de pensamento mínima, os segundos são mais duradouros, derivam do desdobramento de potencialidades e virtudes que contrastam com as incertezas e indecisões – e podem nos afetar mais profundamente.

Apesar das diferenças entre a perspectiva hedonista (voltada para a satisfação pessoal) e a eudaimonista (que privilegia o discurso moral), os estudiosos consideram indubitável um conceito integrado e multidimensional do bem-estar que inclui aspectos das duas linhas de pensamento. O cientista Michael Argyle[19], pesquisador da Universidade de Oxford, observa que as categorias de bem-estar e êxtase – às quais, no passado, o termo felicidade remetia – não só pertencem a estados da mente muito diferentes entre si, como tampouco definem um espaço unidimensional da felicidade.

---

19   Michael Argyle, *The psychology of happiness*, London: Methuen, 1987.

Hora de brincar

Alguns preferem avaliar o componente emocional (por exemplo, alegria, diversão, prazer, bom humor), outros, o aspecto cognitivo e reflexivo (como o grau de satisfação geral). Este último aspecto, entendido como um estado de bem-estar, deriva de uma avaliação abrangente da qualidade de vida, sendo, portanto, diferente da felicidade entendida como simples emoção positiva.

Segundo Argyle, são três os pontos fundamentais que contribuem para desenvolver um senso de satisfação: relações sociais (familiares, profissionais e de amizade), diversão e trabalho. Em relação ao primeiro item, o que realmente conta nem é tanto a quantidade, mas a qualidade: o grau de intimidade e a disponibilidade para a troca afetiva pertencem ao campo do "apoio social". A diversão compreende as atividades que não oferecem ganho material mas são, por si mesmas, lúdicas e prazerosas, influem diretamente no bem-estar, o que indiretamente influencia diversos âmbitos da vida social.

No que diz respeito ao trabalho, inúmeras evidências demonstraram que quem tem salário maior e cargo de mais prestígio, que lhe permitam ser criativo e tomar decisões, tende a se sentir mais feliz. Mas há outros componentes que influenciam a satisfação profissional, como a relação com os colegas, a possibilidade de realizar as próprias capacidades. Por outro lado, é preciso considerar que, muitas vezes, trabalhos de maior prestígio estão ligados a grande carga de estresse e à responsabilidade excessiva em detrimento das relações pessoais.

Em linhas gerais, é possível afirmar que a felicidade não se resume a ter, nem a ver – está relacionada à experiência de sentir e vivenciar relacionamentos. Trata-se de uma busca constante, que se renova. E é justamente essa procura que nos enriquece. Nem mesmo em nosso imaginário podemos garantir que essa experiência seja absoluta e contínua. E retornamos à questão da essência que constitui todo sentimento humano: o tempo. A felicidade tem um período de duração? Ou seria efêmera? O que ela tem de singular e misterioso é que não se deixa enredar em definições estreitas. Frequentemente percebemos ter sido felizes quando já estamos distantes daquele momento. E nem sempre há coincidência entre ser feliz e perceber que o fomos. Assim, a felicidade pode ser somente uma promessa, uma esplêndida ilusão que se conjuga no futuro.

Mente & Cérebro, 2010

Bibliografia

Adolphs, Ralph et al. "A role for somatosensory cortices in the visual recognition of emotion as revealed by three-dimensional lesion mapping". *Journal of Neuroscience*. USA: 2000, vol. 20, pp. 2683-2690.
Apel, Karl Otto. *Il logos distintivo della lingua umana*. Napoli: Guida, 1989.
Aquino, São Tomás de. *Suma Teológica*. II, II, ca. 78,1.
Arantes, Maria Auxiliadora de A. C. "A liquidez de um enigma". *Mente & Cérebro*. São Paulo: 2007, n° 174, pp. 42-49.
Argyle, Michael. *The psychology of happiness*. London: Methuen, 1987.
Aristóteles. *Etica nicomachea*. Roma-Bari: Laterza 1999. Ed. bras.: *Ética a Nicômaco*. Porto Alegre: Artmed, 2009.
Baars, Bernard J. *In the theater of consciousness: The workspace of the mind*. New York: Oxford UP, 1996.
Bakhtin, Mikhail. *Estetica e romanzo*. Torino: Einaudi, 1979.
Bartels, Andreas; Zeki, Semir. "The architecture of the colour centre in the human visual brain: New results and a review". *European Journal of Neuroscience*. USA: 2000, n° 12, pp. 172-193.
Bartley, William. W. *Ecologia della razionalità*. Roma: Armando Editore, 1991.
Bion, Wilfred R. *Experiences in groups*. London: Tavistock, 1961.
Blumenberg, Hans. *L'elaborazione del mito*. Bologna: Il Mulino, 1991.
_____. *Paradigmi per una metaforologia*. Bologna: Il Mulino, 1969.
Brentano, Franz. *Psychologie vom empirischen standpunkt*, vol. 3. Hamburg: Felix Meiner Verlag, 1874.
Calasso, Roberto. *As núpcias de Cadmo e Harmonia*. São Paulo: Companhia das Letras, 1990.

CALLIERI, Bruno. *Quando vince l'ombra. Problemi di psicopatologia clinica*. Ensaio introdutório de Mauro Maldonato. Roma: Edizioni Universitarie Romane, 2001.

_____. *Quando vince l'ombra. Problemi di psicopatologia clinica*. Roma: Città Nuova, 1982.

CAMERER, Colin; LOEWENSTEIN, George; PRELEC, Drazen. "Neuroeconomics: How neuroscience can inform economics". *Journal of Economic Literature*. USA: 2005, vol. 63, pp. 9-64.

CERUTI, Mauro et al. (orgs.). *Il caso e la libertà*. Roma-Bari: Laterza, 1994.

CHANGEUX, Jean-Pierre; RICOEUR, Paul. *Ce qui nous fait penser. La nature et la règle*. Paris: Odile Jacob, 1998.

CHANGEUX, Jean-Pierre. *L'homme neuronal*. Paris: Fayard, 1983.

CRICK, Francis. "The astonishing hypothesis: Scientific search for the soul". *Charles Scribner's Sons*. New York: 1994.

CRICK, Francis; KOCH, Christof. "The problem of consciousness". *Scientific American*. USA: 1992, n° 267, vol. 3, pp. 153-59.

CYTOWIC, Richard E. *Synesthesia: A union of the senses*. Cambridge: MIT Press, 2002.

DAMÁSIO, António R. *O erro de Descartes: emoção, razão e o cérebro humano*. São Paulo: Companhia das Letras, 1996.

_____. *The feeling of what happens: Body and emotion in the making of consciousness*. New York: Harcourt, 1999.

_____. "Neural basis for sociopathy". *Archives of General Psychiatry*. Chicago: 2000, n° 2, vol. 57, pp. 128-129.

DAWKINS, Richard. *Il gene egoista*. Milano: Mondadori, 2005.

DELGADO, José Manuel R. "Evolution of physical control of the brain. The James Arthur lecture on the evolution of the human brain". *American Museum of Natural History*. New York: 1965, n° 34.

DENNETT, Daniel C. *Consciousness Explained*. Boston: Little, Brown & Co., 1991.

DOLLARD, John. *Frustrazione e aggressività*. Firenze: Giunti, 2011.

DRETSKE, Fred. *Naturalizing the Mind*. Cambridge: MIT Press/A Bradford Book, 1995.

EASTERLIN, Ricahrd A. "Income and happiness: Towards a unified theory". *The Economic Journal*. London: 2001, vol. III, Issue 473, pp. 465-484.

EBBINGHAUS, Hermann. *Über das Gedächtnis: Untersuchungen zur experimentellen psychologie*. Leipzig: Duncker & Humbolt, 1885.

EDELMAN, Gerald M. *The remembered present. A biological theory of consciousness*. New York: Basic Books, 1989.

_____. *Neural darwinism*. New York: Basic Books, 1982.

_____. *Seconda natura. Scienza del cervello e conoscenza umana*. Milano: Cortina, 2007.

EIBL-EIBESFELDT, Irenäus. *Die Biologie des menschlichen verhaltens. Grundriss der humanethologie*. Munique: Pieper, 1984.

_____. *Etologia della guerra*. Torino: Boringhieri, 1999.

ENRIQUES, Federigo. *Problemi della scienza*. Bologna: Il Mulino, 1985.

Bibliografia

FEYERABEND, Paul K., "Idee: balocchi intellettuali o guide per la vita". In: Mauro Ceruti *et al.* (org.). *Il caso e la libertà*. Roma-Bari: Laterza, 1994.

FOERSTER, Heinz Von. "Non sapere di non sapere". In: Mauro Ceruti e Lorena Preta (orgs.). *Che cos'è la conoscenza*. Roma-Bari: Laterza, 1990.

FREUD, Sigmund. "Lettera a Einstein, settembre 1932". *Opere*, vol. XI. Torino: Boringhieri, 1966-1978.

_____. "O mal-estar na civilização" (1930). *Obras completas*. Rio de Janeiro: Imago, 1987.

_____. "Considerazioni attuali sulla guerra e sulla morte. Il nostro modo di considerare la morte". *Opere*. Torino: Boringhieri, 1976.

FREUND, Julien. *Il terzo, il nemico, il conflito*. Milano: Giuffrè, 1995.

GADAMER, Hans-Georg. *Verità e método*. Milano: Bompiani, 1992.

GENOVESI, Antonio. *Lezioni di economia civile, introd. di Luigino Bruni e Stefano Zamagni*. Milano: V&P, 2013.

GÖDEL, Kurt; *et al. Collected Works*, vol. II. New York [etc.]: Oxford University Press, 1990.

GOODWIN, Frederick K.; JAMISON, Kay Redfield. *Maniac depressive disorder*. Oxford: Oxford University Press, 1990.

GREENE, Joshua *et al.* "The neural bases of cognitive conflict and control in moral judgment". *Neuron*. USA: 2004, n° 44, vol. 2, pp. 389-400.

HAGGARD, Patrick; CLARK, Sam; KALOGERAS, Jeri. "Voluntary action and conscious awareness". *Nature Neuroscience*. London: 2002, vol. 5(4), pp. 382-385.

HARRISON, John. *Synaesthesia: The strangest thing*. Oxford: Oxford University Press, 2001.

HAUSER, Mark D. *Moral mind: How nature designed our universal sense of right and wrong*. New York: Ecco, 2006.

HEBB, Donald Olding. *The organization of behavior; A neuropsychological theory*. New York: Wiley, 1949.

HEIDEGGER, Martin. *Seminários de Zollikon*. Trad. de G. Arnhold e M. F. de Almeida Prado. São Paulo: Educ/ABD/Vozes, 2001.

HILLMAN, James. *Saggio su Pan*. Milano: Adelphi, 1977.

HUIZINGA, Johan. *Homo ludens: O jogo como elemento da cultura*. São Paulo: Perspectiva, 1996.

HUSSERL, Edmund. *La crisi delle scienze europee e la fenomenologia trascendentale*. Milano: Il Saggiatore, 1961. Ed. bras.: *A crise das ciências europeias e a fenomenologia transcendental: Uma introdução à filosofia fenomenológica*. Trad. Diogo Falcão Ferrer. Rio de Janeiro: Forense Universitária, 2012.

_____. T. II. *Recherches pour la phénoménologie et la théorie de la connaissance*. Premiere partie: Recherches I et II. Trad. par Hubert Élie, Lothar Kelkel & René Schérer. Paris: PUF 1961, pp. 284.

ISRAEL, Giorgio. *La macchina vivente. Contro le visioni meccanicistiche dell'uomo*. Torino: Bollati Boringhieri, 2004.

JACKENDORFF, Ray. *Consciousness and the computational mind*. Cambridge: MIT Press, 1987.

JAMES, William. *The principles of psychology*. London: MacMillan, 1890.

_____. *The will to believe*. London: Longmans Green, 1908.

Jaspers, Karl Theodor. *Psicopatologia geral*. Rio de Janeiro: Atheneu/ ufp Editora, 1979.

_____. *Razão e contrarrazão no nosso tempo*. Trad. Fernando Gil. Lisboa: Minotauro, 1961.

Kahneman, Daniel. *Economia della felicità*. Milano: Il Sole 24 / Ore Libri, 2007.

Kahneman, Daniel; Tversky, A. (orgs.). *Choices, frames and values*. New York: Russel Sage Foundation; Cambridge: Cambridge University Press, 2000.

Kandel, Eric Richard. *In search of memory. The emergence of a new science of mind*. New York: W. W. Norton & Co., 2007.

Kierkegaard, Soren. "Il concerto dell'angoscias. La malattia mortale". In: *Opere. A cura di Giovanni Reale*. Milano: Bompiani, 2013.

_____. *La malattia mortale*. Milano: se, 2008.

Klüver, Heinrich; Bucy, Paul Clancy. "An analysis of certain effects of bilateral temporal lobectomy in the rhesus monkey, with special reference to psychic blindness". *The Journal of Psychology*. Chicago: 1938, pp. 33-58.

Kornhuber, Hans Helmut; Deecke, Lüder. "Hirnpotentialanderungen bei Willkur – bewegungen und passive Bewegungen des Menschen: Bereit schaft spotential und reafferente Potentiale". *Pffugers Archiv: European Journal of Physiology*. New York: 1965, vol. 284, pp. 1-17.

Kosslyn, Stephen Michael, *Image and brain: The resolution of the imagery debate*. Cambridge: mit Press, 1994.

La Mettrie, Julien Offray. *O homem máquina*. Lisboa: Estampa, 1982.

Lacan, Jacques. *O seminário, livro 5. As formações do inconsciente*. Trad. de Vera Ribeiro. São Paulo: Jorge Zahar, 1999.

Libet, Benjamin. "Do we have free will?" *Journal of Consciousness Studies*. 2001, n° 6(8-9), pp. 47-57.

_____. "Unconscious cerebral initiative and the role of conscious will in voluntary action". *Behavioral and Brain Sciences*. Cambridge: 1985, n° 8(4), pp. 529-39.

Linton, Marigold. "Ways of searching and the contents of memory". In: Rubin, David C. (org.), *Autobiographical memory*. Cambridge: Cambridge University Press, 1986, pp. 50-67.

Lorenz, Konrad. *Il cosiddetto male: Per una storia naturale dell'aggressione*. Milano: Garzanti, 1981.

_____. *The foundations of ethology*. New York: Springer, 1981.

Lupia, Arthur; McCubbins, Mathew D.; Popkin, Samuel L. *Elements of reason: Cognition, choice, and the bounds of rationality*. Cambridge; New York: Cambridge University Press, 2000.

Maldonato, Mauro. *In interiore homine*. Passo Fundo: Universidade de Passo Fundo, 2005.

Maldonato, Mauro, Dell'Orco, Silvia. *Psicologia della decisione*. Milano: Bruno Mondadori, 2010.

Mandeville, Bernard de. *La favola delle api*. Roma-Bari: Laterza, 1988.

Mangan, Bruce. "Taking phenomenology seriously: The 'fringe' and its implication for cognitive research". *Consciousness and Cognition*. Philadelphia: 1993, vol. 2, pp. 89-108.

MONTALEONE, Carlo. *Homo loquens, Persone, contesti, credenza*. Milano: Cortina, 1998.
MARCEL, Gabriel. *Homo viator*. Salamanca: Ediciones Sígueme, 2005.
MCINERNEY, Peter. *Time and Experience*. Philadelphia: Temple University Press, 1991.
MCINTYRE, Ronald. "Husserl and the representational theory of mind". *Springer*. New York: 1986, vol. 5, Issue 2, pp. 101-113.
MELZOFF, Andrew N.; MOORE, M. Keith. "Explaining facial imitation: a theoretical model". *Early Development and Parenting*. USA: 1997, vol. 6, pp. 179-92.
MERLEAU-PONTY, Maurice. *Fenomenologia da percepção*. São Paulo: Martins Fontes, 2003.
_____. *La Phénoménologie de la perception*. Paris: NRF, Gallimard, 1945.
_____. *La structure du comportement*. Paris: Presses Universitaires de France, 1949.
_____. *The primacy of perception: And other essays on phenome-nological psychology, the philosophy of art, history and politics*. Northwestern, USA: University Press, 1964.
MININNI, Giuseppe. *Discorsi in analisi*. Bari: Adriatica Editrice, 1988.
MINKOWSKI, Eugène. *Il tempo vissuto*. Torino: Einaudi, 1993.
NAGEL, Thomas. *The view from nowhere*. Oxford: Oxford University Press, 1986.
NEUMANN, Erich. *A grande mãe*. São Paulo: Cultrix, 1996.
_____. *História da origem da consciência*. São Paulo: Cultrix, 1995.
OLIVERIO, Alberto. *La vita nascosta del cervello*. Firenze: Giunti, 2009.
PADOA-SCHIOPPA, Camillo; ASSAD, John A. "The representation of economic value in the orbitofrontal cortex is invariant for changes of menu". *Nature*. London: 2008, n° 11, pp. 223-226.
PALMARINI, Massimo Piattelli. *L'illusione di sapere. Che cosa si nasconde dietro i nostri errori*. Milano: Arnoldo Mondadori, 1993.
PENROSE, Roger. *The emperor's new mind*. London: Arrow books/Vintage, 1990.
PERNIOLA, Mario. *Sex appeal do inorgânico*. Trad. de Nilson Moulin. São Paulo: Studio Nobel, 2005.
PICTON, Terence W.; STUSS, Donald T. "Neurobiology of conscious experience". *Current Opinion in Neurobiology*. Philadelphia: 1994, n° 2, vol. 4, pp. 256–265.
PINKER, Stephen. *The stuff of thought: Language as a window into human nature*. New York: Penguin, 2007.
POPPER, Karl R. *Conjectures and refutations: The growth of scientific knowledge*. London: Routledge, 2002.
POSNER, Michael I. "Attention: the mechanism of consciousness". *Proc. National Acad of Sciences*, USA: 1994, pp. 7398-7402.
RAMACHANDRAN, Vilayanur S.; HUBBARD, Edward M. "Psychophysical investigations into the neural basis of synaesthesia". *Proceedings of the Royal Society of London*. London: 2000, n° 268, pp. 979-983.
RANK, Otto. *Il doppio: Uno studio psicoanalitico*. Milano: SE, 2001.
RICOEUR, Paul. *La metafora viva. Dalla retorica alla poetica: Per un linguaggio di rivelazione*. Trad. G. Grampa. Milano: Jaca Book, 2010.
RIZZOLATTI, Giacomo, SINIGAGLIA, Corrado. *Mirrors in the brain: How our minds share actions, emotions, and experience*. Oxford: Oxford University Press, 2008.

_____. "Further reflections on how we interpret the actions of others". *Nature*. London: 2008, n° 455, p. 589.

SARTRE, Jean-Paul. *A náusea*. Rio de Janeiro: Record, 1996.

_____. *O ser e o nada*. São Paulo: Vozes, 2000.

SCHNEIDER, Kurt. *Pscicopatologia clínica*. Rio de Janeiro: Mestre Jou, 1968.

SCOVILLE, William Beecher; MILNER, B. "Loss of recent memory after bilateral hippocampal lesions". *Journal of Neurology, Neurosurgery and Psychiatry*. London: 1965, vol. 20, pp. 11-21.

SEARLE, John. *The mystery of consciousness*. New York: New York Review, 1997.

SELIGMAN, Martin E. P. *La costruzione della felicità. Che cos'è l'ottimismo, perché può migliorare la vita*. Milano: Sperling & Kupfer, 2003.

SIMON, Herbert A. *Reason in human affairs*. Stanford: Stanford University Press, 1983.

_____. *La ragione nelle vicende umane*. Bologna: Il Mulino, 1988.

SINGER, Tania; FEHR, Ernest. "The neuroeconomics of mind reading and empathy". *American Economic Review. Pittsburgh*: 2005, n° 95.

SPIEGELBERG, H. *The phenomenological movement*. Vol. 2, 2 ed., The Hague: Nijhoff, 1962.

SQUIRE, Larry R. *Memory and brain*. New York: Oxford University Press, 1987.

SQUIRE, Larry R.; KANDEL, E. R. *Memory: From mind to molecules*. New York: Scientific American Library, 1999.

THOMPSON, Evan, VARELA, Francisco. *Why the mind is not in the head*. Cambridge: Harvard University Press, 1996.

TVERSKY, Amos, KAHNEMAN, Daniel. "Judgment under uncertainty: Heuristics and biases". *Science*, 1981, n° 211, pp. 453-58.

VARELA, Francisco J. "Organism: A meshwork of selfless selves". In: TAUBER (ed.) *Organism and the Origin of Self*. Dordrecht: Kluwer, 1991, pp. 79-107.

_____. "Il circolo creativo: Abbozzo di uma storia naturale della circolarità". In: WATZLAWICK, Paul (org.). *La realtà inventata. Contributi al estruttivismo*. Milano: Feltrinelli, 1988.

VILLANI, T. "Farsi sguardo: lo spaesamento nell'epoca dell'inorganico". In: PERNIOLA, Mario (org.). *Oltre il piacere e il desiderio*. Milano: Mimesis, 1995.

VON FOERSTER, Heinz. "Non sapere di non sapere". In: CERUTI, M., PRETA, L. (orgs.). *Che cosa è la conoscenza*. Roma-Bari: Laterza, 1990.

VON NEUMANN, John. *Collected Works*. A. H. Taub (org.). New York: Macmillan, 1961-1963.

WIENER, Norbert. *Dio & Golem s.p.a.: Cibernetica e religione*. Torino: Bollati Boringhieri, 1991.

WITTGENSTEIN, Ludwig. *Della certezza*. Torino: Einaudi, 1978.

ZAHAVI, Dan J. "Beyond empathy. Phenomenological approaches to Intersubjectivity". *Journal of Consciousness Studies*, 2001, vol. 8, pp. 151-167.

ZEKI, Semir. *Inner vision: An exploration of art and the brain*. New York: Oxford University Press, 1999.

ZEKI, Semir; BARTELS, A. "Toward a theory of visual consciousness". *Consciousness and Cognition. Philadelphia*: 1998, vol. 8, pp. 225-59.

Sobre o autor

Mauro Maldonato é médico psiquiatra e professor de Psicologia Geral na Universitá della Basilicata. Estudou na Universidade La Sapienza (Roma), na Universidade Federico II (Nápoles), na London School of Economics (Londres) e na École des Hautes Études en Sciences Sociales (Paris).

Foi professor visitante na Pontifícia Universidade Católica de São Paulo – puc-sp, na Universidade de São Paulo – usp e na Duke University (Carolina do Norte - eua). Dirige o Cognitive Science Studies for the Research Group, na Duke University. Diretor científico da Settimana Internazionale della Ricerca (Matera - Itália), é autor e curador de livros e artigos científicos publicados em diversos idiomas.

No Brasil, é colaborador das revistas *Scientific American* e *Mente e Cérebro*, além de pesquisador convidado do Núcleo de Estudos Africanos do Laboratório de Teoria da História do Departamento de História da usp.

Recebeu o prêmio Vasco Prado para as Artes e as Ciências, promovido pela Universidade de Passo Fundo, durante a xi Jornada Nacional de Literatura, em 2005. Em 2012, foi agraciado com o prêmio International Conference on Time, pela Universidade dos Emirados Árabes.

FONTE: THE SERIF | PAPEL: PÓLEN BOLD 90G/M
DATA: 04/2014 | TIRAGEM: 1.500
IMPRESSÃO: NYWGRAF GRÁFICA E EDITORA